오직 너희는

그리스도의 복음에

합당하게 생활하라

빌립보서 1:27

도서출판 대장간은
쇠를 달구어 연장을 만들듯이
생각을 다듬어 기독교 가치관을
바르게 세우는 곳입니다.

대장간이란 이름에는
사라져가는 복음의 능력을 되살리고,
낡은 것을 새롭게 풀무질하며, 잘못된 것을
바로 세우겠다는 의지가 담겨져 있습니다.

www.daejanggan.org

복음과 정치
그리스도의 복음에 합당한 생활

 이 책은 기독연구원 느헤미야에서 〈정치하는 그리스도인〉라는
주제로 2016년 3월에 개최한 신학캠프를 정리한 것입니다.

06 복음과 정치
 －그리스도의 복음에 합당한 생활

지은이	김근주 조석민 배덕만 김동춘
초판발행	2016년 8월 12일
펴낸이	배용하
책임편집	배용하
등록	제364-2008-000013호
펴낸곳	도서출판 대장간
	www.daejanggan.org
등록한곳	대전광역시 동구 우암로 75-21 (삼성동)
편집부	전화 (042) 673-7424
영업부	전화 (042) 673-7424 전송 (042) 623-1424
분류	기독교 | 윤리 | 정치참여
ISBN	978-89-7071-387-8 (03230)
가격	9,000원

이책은 저작권의 보호를 받습니다.
기록된 형태의 허락 없는 무단 전재와 복제를 금합니다.

머리글

감옥에 갇힌 바울이 빌립보 교회에 보낸 편지에서 바울은 항상 기뻐하고 감사하며 살아가는 삶을 강력하면서도 따뜻하게 권면한다. 바울의 권면을 1:27에서는 다음과 같이 간결하게 표현한다.

"오직 너희는 그리스도의 복음에 합당하게 생활하라"

'생활하다' 라고 번역된 헬라말 동사는 "폴리튜오 *politeuw*" 이다. 이 헬라말 동사는 크게 '자유 시민으로 살다' 혹은 '규정 혹은 규례를 따라 살다' 라는 의미와 '다스리다', '공적인 일에 종사하다' 라는 의미를 지닌다. 노예로 살아가는 것이 아니라 그리스와 로마 도시의 자유인으로서 그 도시의 규정을 따라 올바르게 살아가는 것 그리고 그 가운데 공적인 일에 참여하여 봉사하거나 일하는 것 등이 이 동사의 의미라고 할 수 있다. 개역 성경 역시 이 구절의 난하주에 "시민 노릇"이라는 의미를 달아 두고 있다. 여기에서 나온 영어로 '정치'를 의미하는

'politics'나 'political'이 있다. 우리말의 정치는 어떤 특별한 영역이거나 특별한 사람들이 행하는 일로 여겨지게 되어 버렸지만, 사실 영어 단어 자체가 헬라어에서 왔고, 헬라말 동사의 기본적인 의미가 '도시의 자유 시민으로 살아가다' 임을 생각하면, '정치'의 근본은 '노예가 아니라 시민으로 살아가기'라고 할 수 있다.

이를 생각하면 노예가 아닌 이상 그 누구든 '정치'에 관심이 없을 수가 없다. 누가 어떤 자리에 가고 누가 어떤 입장을 가졌는지 모든 것을 다 알아야 한다는 뜻이라기보다, 우리가 이 땅에 자유인으로 살아가는 한 어떻게 하는 것이 시민 노릇하는 것인지 생각하고 판단해야 하는 수밖에 없다는 것이다. 시민으로 살아간다는 것은 누군가의 지시나 명령에 의해 주어진 것만 행하는 것이 아니라, 그가 살고 있는 도시 전체의 이익을 위해 약속되고 합의된 것을 따라 살아가는 것이며, 때로 필요하면 공공의 유익을 위해 직접 그러한 일에 참여하기도 하는 것이다. 마치 우리로 치자면 우리가 사는 지역에 살며 시민으로 할 일을 하다가 필요하면 공적인 영역인 행정을 위해 봉사하는 것이라고 할 수 있다. 그러니 시민으로 살기와 행정에 참여하는 것이나 본질적으로 차이가 없다 할 것이며 시민으로서의 마땅한 일이기도 하다.

그런 점에서, 국민으로 하여금 '정치는 정치인들이 할 테니, 국민들은 생업에 힘쓰라' 식의 말은 일상이 정치임을 교묘히 속이면서 정치와 일상을 분리시켜 버리는 것임을 알 수 있다. 정치를 특정한 사람들이 맡아 행하는 것으로 만들어 버린 것이 마귀의 간교한 술책이라고 말할 수도 있을 것이다. 놀랍게도, 한국 사회에서 이러한 술책은 먹혀 들어갔으며, 특히 대부분의 교회에서 정치는 확연하게 신앙으로부터 일상으로부터 분리되어 버렸다. 그 결과는 독재 권력이나 수구적인 가치에 기반한 기득권 유지 권력의 가장 신뢰할 수 있는 벗이 된 교회라고 할 수 있다.

기독연구원 느헤미야는 2016년 3월 "정치하는 그리스도인"이라는 제목으로 신학캠프를 진행했다. 이 모임에서 나누어졌던 네 편의 글을 모아 이번에 책으로 내게 되었다. 앞서 언급한 "폴리튜오" 동사에서 비롯된 명사형으로 '시민권citizenship'을 의미하는 "폴리튜마politeuma"라는 단어가 있다. 바울은 '그리스도인의 시민권은 하늘에 있다'고 단언한다.빌3:20 이 책에 실린 글들은 시민권을 하늘에 가진 그리스도인들이 어떻게 이 땅에서의 정치를 이해하고 일상에서 정치하며 살아갈 지를 다루고자 하였다.

언제나 그렇듯이, 길지 않은 이 한 권의 책을 위하여 많은 도움이 있었다. 그 가운데서도, 느헤미야의 행사 때마다 늘 모든 일을 챙기면서 제 날짜에 쉽게 모이지 않는 원고를 모아서 편집한 배한나 팀장님과 부족한 글을 언제나 기꺼이 출판해 주시는 대장간의 배용하 대표님께 깊이 감사드린다.

2016년 7월 11일 기독연구원 느헤미야

차례

구약, 그 정치적인 말씀 _ 김근주	13
그리스도인의 정치 참여 _ 조석민	47
정교분리의 복잡한 역사 _ 배덕만	75
한국 복음주의 교회의 기독교정치론 _ 김동춘	119

1장
구약, 그 정치적인 말씀

김근주

기독연구원 느헤미야 전임연구위원

구약, 그 정치적인 말씀

김근주

　　모든 한국인이 직업적인 정치인일 수는 없지만, 모든 한국인은 정치에 참여하고 있다. 사실 우리들의 모든 말과 행동은 정치적일 수 밖에 없다. 그렇지만 꽤 많은 사람들은 스스로 정치적이지 않다고 생각하며, 그 증거로 현실에서 이루어지는 정치가들의 발언이나 사안들에 대해 아무런 견해를 표현하지 않는 것을 제시하곤 한다. 심지어 투표에는 참여하면서도 자신이 정치에 관심 없다고 말하기도 한다.

　　정치에 관심이 없다고 하는 이들은 항상 자기 자신의 개인적인 문제에 집중한다. 그리스도인들 가운데 정치에 관심이 없거나 정치적인 견해를 표출하는 것을 반대하는 이들은 대개 복음 전파만이 자신의 관심사라고 말하고, 정치적인 이해나 판단보다 '영적'인 문제야말로 우리 국민의 근본적인 문제라고 말한다. 이러한 견해는 균형을 상실한 견해이지 않다. 정치와 구별되는 개인의 '영적' 문제에 집중하는 것이 옳다 여기는 견해는 근본적으로 복음의 본질 자체를 훼손하고 있는 것이다.

톰 라이트는 그의 책 "하나님은 어떻게 왕이 되셨나"에서 오늘의 우리 교회의 잘못된 성경 이해를 지적한다.[1] "텅 빈 망토"라는 표현을 통해, 그는 우리가 복음서에서 예수의 탄생, 죽음, 부활을 이야기하지만, 정작 왜 예수께서 육체를 입고 사셨는지에 대해, 그리고 그 중요성에 대해 생각이 없어져 버렸다는 점을 지적한다. 그에 의하면 우리에게 있어서 '복음'은 예수님으로 말미암아 우리 죄가 사해졌으니, 선한 행실이 아니라 날 위한 죽으심을 믿으면 된다는 것을 가리킨다. 올바른 말이지만 문제는 복음서가 이에 대해 거의 아무 것도 말하고 있지 않다는 점이다.

라이트는 복음서의 내용을 제대로 이해하기 위해 4개의 스피커에서 소리가 고르게 들려야 한다고 주장한다. 그는 복음서의 메시지를 분명하게 하는 네 개의 스피커로, 이스라엘의 이야기로서의 복음서, 이스라엘의 하나님이 예수임을 선언하는 것으로서의 복음서, 하나님의 갱신된 백성인 초대 교회를 보여주는 책으로서의 복음서, 그리고 가이사의 나라와 충돌되는 하나님 나라 이야기로서의 복음서를 들고 있다. 이를 통해 우리의 신앙고백과 복음 전파에서 반영하고 있지 않지만, 실제로 복음서가 담고 있는 면모들을 도드라지게 보여준다. 그리고 라이트는 복음서가 결국 말하고 있는 것이 "나라와 십자가"라고 압축한다. 그의 논지는 나라와 십자가를 분리하지 않고 통합하는 것이다. 이것이 분리되면 나라를 강조하는 사회복음적 경향, 십자가를 강조하는 전통적 개인 차원 경향으로 된다는 것이다. 결국 라이트는 예수를 통하여 하나님께서 어떻게 왕이 되셨는지를 전하는 것이 복음서의 핵심 메시지라고 주장한다.

---

1) N.T. 라이트, 최현만 옮김, 『하나님은 어떻게 왕이 되셨나』(에클레시아북스, 2013).

이러한 맥락에서 라이트는 사도신경을 비롯한 교회의 정통적인 신앙고백들이 예수님의 삶과 행적, 말씀에 대해 거의 다루지 않는다는 점을 지적한다. 라이트의 올바른 지적과 함께, 추가적으로 이러한 신앙고백들이 구약 역시 거의 언급하지 않는다는 점도 발견하게 된다. 문제는 예수님의 행적과 말씀에 대한 이해 없이 우리 신앙을 고백하는 것이 가능한가 이고, 구약에 대한 이해 없이 복음의 본질을 파악하는 것이 가능한가 이다. 라이트가 지적하듯이, 오늘의 교회는 바울의 칭의 개념의 맥락에서 복음서를 이해하는 것 같아 보인다. 그러나 바울을 읽는 맥락이 복음서이고, 복음서의 맥락은 바로 구약이다. 본문의 의미를 문맥에 따라 파악해야 한다는 것이 이제는 모두에게 자명한 사실이 되었다고 할 수 있는데, 신약 성경의 문맥은 구약임을 유의해야 할 것이다.

"하나님 나라"

신약의 첫 책인 마태복음 2장에 따르면, 예수께서 베들레헴에서 태어났을 때 헤롯은 아기 예수를 죽이기 위해 인근 지역에서 태어난 유아들을 모두 학살하라는 명령을 내린다. 보통 우리는 욕망에 집착하고 혈안이 된 헤롯이 이제 갓 태어난 아이까지라도 죽여서 미리 위협의 싹을 제거하려고 한 것이라고 풀이한다. 그래서 이 본문을 풀이하면서 인간의 욕망의 추악함과 잔인함을 말하곤 한다.

이 본문에서 당연한 듯 하지만 실제로 주의가 잘 기울여지지 않는 부분은, 그래도 꽤나 세력을 갖추고 있던 헤롯이 왜 갓난 아기의 출생에 대해 그토록 주의를 기울이고 있는가 이다. 그것은 이제 태어난 아기가 "유대인의 왕"이라고 예언되었기 때문이다^{마 2:2}. 동방의 박사들은 "왕"이라 표현하였고, 헤롯과 유대의 대제사장, 서기관들은 이 존재를 "메시야" 즉 "그리스도"와 동일시하였다. 헤롯과 당시 유대인들에게 메시야는 왕이었다. 두 살 이하의 모든 유아를 죽이라는 혹독한 명령이 내려진 까닭은 전적으로 아기 예수가 왕이라고 예고되었기 때문이라고 할 수 있다. 헤롯이 지니고 누리고 행사하고 있는 권력에 대해, 이를 부정하고 바꿀 다른 왕이 등장했다는 소식 때문에 그토록 많은 아기들이 죽임을 당한 것이다. 다시 말해 예수의 탄생이 정치적으로 이해되었기에 이러한 참상이 생겨났다는 것이다.

이와 연관하여 마태기자가 인용하고 있는 미가서 5:2는 히브리말 본문이나 칠십인경과 차이가 있다는 점에 주목할 만하다. 마태복음의 인용과는 달리, 미가서 구절의 전반절은 베들레헴이 유다의 지파들 가운데 매우 작다는 점을 강조하고 있으며, 이 점은 칠십인경에서도 마찬가지이다. 그에 비해 마태복음은 베들레헴이 작지 않으며 결코 무시 못할 곳임을 강조한다. 더욱이 '지파' 혹은 '천 명으로 이루어진 단위'를 의미하는 히브리말 단어 "엘레프"의 자리에 마태복음은 '다스리는 자ἡγεμών' 라는 표현을 지니고 있다. 개역 성경을 비롯한 한글 성경들은 이 단어를 '고을'로 옮기고 있다 미가서 본문이 여호와의 통치를 드러내는 새로운 지도자의 출현을 이야기한다는 점에서, 비록 미가 본문과 다르게 마태 복음이 인용했지만, 이를 통해 쟁점이 '다스림', '통치'에 관한 것임이 분명해졌다고 할 수 있다.

우리는 역사를 통해 동서고금을 막론하고 권력 획득을 위해 얼마나 많은 사람들이 죽고 죽였는지 알고 있다. 심지어 가족과 친척이라 할지라도 권력을 위해서는 제거해 버리는 것이 우리네 인간 역사에서 이제껏 이루어져 온 일이다. 헤롯이 저지른 유아 살해의 핵심적인 동기 역시 권력 다툼이다. 그는 유대 지역의 왕으로서 자신의 권력에 위협이 될 수 있는 소지를 미연에 방지한 것이다. 그러므로 예수 그리스도의 출생은 처음부터 권력을 둘러 싸고 있다.

예수의 죽으심도 마찬가지이다. 예수께서 빌라도에게 심문 당할 때에 "유대인의 왕"이라 칭해졌고마 27:11, 십자가에 못박히신 후에도 군병들에 의해 "유대인의 왕"이라 불렸다마 27:29. 그는 왕으로 태어났고 왕으로 죽임 당하였다. 그러므로 유아를 학살한 헤롯의 행동이 잔인함의 측면에서 분석되는 것으로 충분하지 않다. 이것은 도덕적이고 심리적인 문제이지 않다. 이것은 권력 다툼에 대한 것이다. 다시 말해, 이 땅에 오신 예수님은 출발부터 지극히 정치적이라고 할 수 있다. 만일 예수의 나심이 종교적 사항, 내면적 삶과 사상에 관한 것으로 여겨졌다면, 결코 유아 학살은 발생하지 않았을 것이며, 나아가 십자가에 죽으심도 발생하지 않았을 것이다.

이 점은 4복음서 가운데 마태복음만이 유일하게 세례 요한과 예수님의 선포를 동일하게 "회개하라 천국이 가까웠느니라"마 3:2; 4:17로 알려주고 있는 것과 무관하지 않을 것이다. 이에 따르면 이 땅에 임하는 새로운 역사, 예수 그리스도 복음의 핵심은 "천국", 즉 하나님의 다스리심, 하나님의 통치이다. 그리고 마태복음에서만, 예수께서 전하신 복음을 일러 "천국 복음τὸ εὐαγγέλιον τῆς βασιλείας"4:23; 9:35; 24:14; 직역하면 '나라 복음'이라고 표기하고 있기도 하다. 그리고 이러한 흐름이야말로 부활하신 예수께서 제자들을 세상으로 보내시며 "하늘과 땅의 모든 권세를 내게 주셨으니"28:18라고 말씀하신 맥락임이 분명하다. 마태의 맥락을 고려할 때, 여기서의 "권세"는 단순히 힘과 능력이 아니라, 온 세상을 다스리시고 통치하시는 통치권을 의미한다고 보아야 할 것이다. 그리고 이렇게 볼 때, 세례 요한과 예수께서 촉구하신 회개는 단지 죄악을 돌이킴이 아니라, 하나님의 통치에 합당치 않은 삶에 대한 애통함과 하나님의 통치에로의 돌이킴, 달리 말해 '전향'이라고 할 수 있다. 이 점이 분명치 않으면 우리의 모든 회개는 그저 도덕적 완전을 향한 추구가 되어 버리고 우리 마음 속의 별의별 생각들에 대한 한도 끝도 없는 비우기 추구가 되어 버릴 것이다.

결국 "나라"에 대한 인식이 없다면 예수님의 선포는 개인 윤리에 불과하게 된다. 헬라 철학과 가장 접점이 있다고 여겨지는 요한복음에서조차, 예수를 풀어주려는 빌라도의 시도에 대해 "가이사 외에는 우리에게 왕이 없나이다"요 19:15 외치며 예수를 못박을 것을 주장한 유대인들의 함성에서 예수에 대한 정치적 이해를 확연히 볼 수 있다.[2] 이 유대인들의 외침은 구약에 기반한 자신들의 종교를 세상 왕과는 무관한, 자신들의 공동체의 내부적이고 내면적 생활을 규정하는 규율로만 여기겠다는 선언에 다름 아니라고 할 수 있다. 현실의 정치와 권력 체제에 대해 비판적으로 검토하지 않으며 신앙을 내면화시키는 오늘의 우리 교회 모습 역시, 가이사 외에는 왕이 없다 외치는 유대인들과 본질적으로 동일하다고 여겨진다.

신약 성경의 첫 권으로서의 마태복음이 전하고 있는 것은 '나라바실레이아' 이다. 그리고 그 나라와 연관된 중요한 개념은 '권세', '왕권' 이라고 할 수 있다. 그리스도 예수의 오심은 세속 왕인 헤롯을 긴장시키고, 로마 총독 빌라도의 십자가 처형을 불러 일으킨 지극히 정치적 사건이다. 이러한 정치적 성격을 지닌 예수 사건을 이해할 수 있기 위해서는 마태복음 1장이 제시하는 족보들과 족보의 인물들에 대한 이해, 그리고 메시야에 대한 기대, '유대인의 왕'에 대한 기대를 파악하는 것이 필수적이라고 할 수 있다. 이를 다루고 있는 가장 기본적이고 전제가 되는 본문은 당연히 구약 성경이다. 그러므로 마태복음을 이해하고 파악하는 가장 중요하고 핵심적인 맥락은 반드시 구약이어야 함을 알 수 있다. 마태복음으로 시작되는 신약 성경은 구약의 맥락을 전제하지 않으면 제대로 이해될 수 없다. 구약에 이어지는 신약 성경의 첫머리인 마태복음이 이렇듯 나라를

---

2) 라이트, 206.

둘러싼 정치적 사건으로서의 예수를 드러내고 있다면, 기독교의 정경으로서의 마태복음은 필연적으로 구약에 대한 정치적 이해로 우리를 초대하고 있다고 할 수 있다.

구약의 중심으로서의 하나님 나라

우리가 지닌 구약의 최종적인 형태는 창세기 1장의 세상 창조로 시작한다. 하나님은 세상 만물을 지으셨다. 창조는 단지 하나님의 위엄을 드러내는 방편이지 않다. 구약에서 하나님의 창조는 하나님께서 온 세상을 주관하시고 다스리신다는 맥락에서 사용된다. 하나님의 행하심에 대해 근본적인 의문을 제기하는 욥에게 주신 하나님의 대답의 골자는 피조 세계 전체를 주관하시는 하나님, 피조 세계 전체를 다스리시며 운행하시는 하나님이었다. 달리 말해, '하나님의 통치'였다. 이사야 40장 이후에서는 바벨론 땅에 포로로 살면서 자신들의 연약하고 곤고함을 탄식하던 이스라엘을 위로하기 위해 하나님의 창조가 언급되는데, 이 역시 "수효대로 만상을 이끌어 내시고 그들의 모든 이름을" 부르시는 하나님의 다스리심, 하나님의 "권세"가 그 주된 내용을 이루고 있다 사40:26. 창조 이야기의 초점은 하나님의 크신 권능인데, 이것이 실제로 의미하는 것은 크고 놀라운 힘이라기보다는 온 세상을 주관하시는 하나님의 권세, 하나님의 다스리심이라고 할 수 있다. 그렇기에 창조에 대한 찬양을 담고 있는 이사야 40장 문맥에서 다음과 같이 하나님의 세상 다스리심을 보여주는 구절이 있는 것은 논리적으로 당연하다.

"그는 땅 위 궁창에 앉으시나니 땅에 사는 사람들은 메뚜기 같으니라 그가 하늘을 차일 같이 펴셨으며 거주할 천막 같이 치셨고 귀인들을 폐하시며 세상의 사사들을 헛되게 하시나니 그들은 겨우 심기고 겨우 뿌려졌으며 그 줄기가 겨우 땅에 뿌리를 박자 곧 하나님이 입김을 부시니 그들은 말라 회오리바람에 불려 가는 초개 같도다"사 40:22-24

창조에 대한 장엄한 고백의 실질적인 의미는 하나님의 다스리심, 하나님의 통치이다. 아름다운 소식, 즉 "복음"에 대해 언급하는 다음의 본문도 이 점을 명확히 보여준다.

"아름다운 소식을 시온에 전하는 자여 너는 높은 산에 오르라 아름다운 소식을 예루살렘에 전하는 자여 너는 힘써 소리를 높이라 두려워하지 말고 소리를 높여 유다의 성읍들에게 이르기를 너희의 하나님을 보라 하라 보라 주 여호와께서 장차 강한 자로 임하실 것이요 친히 그의 팔로 다스리실 것이라 보라 상급이 그에게 있고 보응이 그의 앞에 있으며 그는 목자 같이 양 떼를 먹이시며 어린 양을 그 팔로 모아 품에 안으시며 젖먹이는 암컷들을 온순히 인도하시리로다"사 40:9-11

오늘의 우리 교회에 익숙한 '아름다운 소식', '상급', '보응', 그리고 '목자이신 주'와 같은 이미지는 모두 하나님의 통치, 하나님의 다스리심에 연결되어 있다. 복음의 내용이 무엇인지는 다음의 구절에서도 간단명료하게 제시된다.

"좋은 소식을 전하며 평화를 공포하며 복된 좋은 소식을 가져오며 구원을 공포하며 시온을 향하여 이르기를 네 하나님이 통치하신다 하는 자의 산을 넘는 발이 어찌 그리 아름다운가" 사52:7

이를 생각하면 복음이니, 상급, 보응 같은 개념들을 단순히 내세에서 받을 복으로 여기는 것은 불충분하다고 할 수 있다. 선한 목자이신 주님이라는 널리 알려진 이미지 역시 근본적으로 하나님의 통치와 연관되어 있다는 점도 주목해야 한다. 그렇지 않으면 선한 목자이신 주님은 오로지 나와 함께 하시고 나의 모든 슬픔을 위로하시고 내 길을 인도하시는 분으로만 이해되기 십상이다. 어찌 보면 우리의 이제까지의 이해는 실제로 구약이 말하는 것을 도외시한 채, 이렇게 너무 개인적이고 사적인 차원에 국한되어 있었다고 해야 할 것이다. 이러한 이해가 틀렸다기보다는 이러한 이해에 하나님의 통치, 하나님의 나라에 대한 아무런 내용이 들어있지 않다는 데에 문제가 있다고 할 것이다. 나라와 통치에 대한 인식의 부재는 필연적으로 우리가 지닌 하나님 말씀을 지극히 개인적으로 것으로 만들어 버린다. 하나님이 우리와 함께 하신다는 고백과 믿음은 하나님을 오로지 내 슬픔과 내 앞 일을 인도하시는 분으로만 여기게 만들어 버린다.

성경의 본문 자체는 끊임없이 세상 질서를 뒤엎으시는 하나님을 증거한다. 앞에서 살펴본 이사야서 구절 역시 세상의 귀인과 사사를 폐하시고 입김을 불려 날아가게 하시는 하나님을 증거하였다 사40:9-11. 페르시아가 온 세상을 지배하던 시대, 페르시아의 광대한 제국의 겨우 한쪽 귀퉁이에 존재하던 한 줌도 안 되던 유대 공동체를 향해 학개는 온 세상이 흔들리게 될 것을 증거한다.

"너는 유다 총독 스룹바벨에게 말하여 이르라 내가 하늘과 땅을 진동시킬 것이요 여러 왕국들의 보좌를 엎을 것이요 여러 나라의 세력을 멸할 것이요 그 병거

들과 그 탄 자를 엎드러뜨리리니 말과 그 탄 자가 각각 그의 동료의 칼에 엎드러지리라"학 2:21-22

예레미야 시절, 남왕국 유다는 바벨론에 저항할 것이 아니라 항복해야 했다. 그러나 그것이 하나님께서 바벨론의 지배와 통치를 무조건적으로 정당히 여기셨음을 의미하지는 않는다. 도리어 하나님께서는 예레미야를 통해 바벨론이 어떻게 멸망하게 될 지 강력하고도 상세하게 선포하게 하셨음을 예레미야서에서 볼 수 있다렘 50-51장. 하나님께서 바벨론을 심판하시는 까닭은 그들이 교만하였기 때문이다렘 50:29. 그리고 그들의 교만은 그들이 사로잡은 민족을 학대하고 폭행한 것으로 드러난다렘 50:33; 51:34-37. 바벨론은 하나님께서 사용하시는 "온 세계의 망치"요렘 50:23, 하나님의 "철퇴 곧 무기"렘 51:20라고 불린다는 점에서, 당대의 최강 국가임을 짐작케 된다. 그러나 하나님께서는 약한 민족들을 학대하고 폭행한 것을 물어 바벨론이 몰락하여 다시 일어서지 못하게 하실 것이다렘 51:64. 이렇듯, 열방을 향한 말씀들가령 사 13-23장, 렘 46-51장, 겔 25-32장, 암 1:3-2:3을 비롯하여 아주 많은 본문들이 세상의 나라들을 심판하시고 진멸하시며 뒤엎으시는 하나님을 증거한다.

개인과 나라의 분리

이상에서 살펴본 본문들은 우리로 하여금 하나님을 믿고 따르며 살아가는 신앙을 우리와 우리 주위의 개인사로만 국한시킬 수 없음을 일러준다. 그럼에도 아주 옛날부터 현대의 시대에 이르기까지 동서고금을 막론하고 사람들은 종교의 영역을 개인적이고 사적인 영역으로 국한시키곤 했다. 그들은 종교를 개인의 성품을 연마하고 인간의 내면적인 고뇌와 번민을 대처하는 수단으로 여겨 왔다.

한 연구에 따르면, 조선 중기 이후 조선의 성리학을 지배했던 것은 주자학이었으며, 송시열로 대표되는 주자학의 주된 초점은 "예학禮學"이었다고 한다.[3] 예학은 체제를 건드리지 않는다. 주어진 체제를 전제하고 인정한 채로, 그 틀 안에서 쓸모 있고 규율을 지키는 사람을 세우는 것이 목적이 된다. 이런 식의 학문 역시, 종교와 마찬가지로 틀과 구조, 사회의 문제를 결코 건드리지 않은 채, 오로지 개인과 개인의 바른 윤리, 개인의 바른 실천에만 몰두하게 한다고 말할 수 있다.

구약이 하나님 나라에 관한 한, 정치적일 수밖에 없다. 구약을 정치적으로 읽지 않는 유일한 방법은 구약에서 하나님의 나라, 하나님의 통치에 대해 고려하지 않는 것이다. 그럴 경우, 구약은 좋은 말들의 모음집, 교훈이 되는 이야기들의 모음집, 지금은 지키지 않지만 한때 꽤나 의미 있던 율법들의 모음집이 된다. 그리고 신약 역시, 참 좋은 말들의 모음집이 되어 버린다.

여기에는 칼빈을 비롯한 웨스트민스터신앙고백 같은 데에서, 구약 율법을 셋으로 구분이른바, '시민법', '도덕법', '제의법'하여 폐지와 존속을 말하는 것도 근본적인 문제를 초래했다. 시민법과 제의법은 이스라엘이 처음부터 공동체로 부름받은 대안적인 공동체였음을 명백히 보여준다. 그러나 웨스트민스터 신앙고백서는 제의법과 시민법에 대해 매우 손쉽게 "폐지"되었음을 선언한다. 하나님께서 아브라함을 부르시되, 아브라함의 후손이 나라를 이룬 출애굽 이후 시기에 나라와 제도, 틀에 관한 규정을 주셨으되, 후대의 사람들은 이 모든 것을 "미성년의 교회로서의 이스라엘"에 주신 일시적이고 불완전한 것으로 여겨 폐지를

---

3) 이덕일, 송시열과 그들의 나라 (김영사, 2000).

운운해 버린 것이다. 이러한 규정들을 폐지된 것으로 여김을 통해 구약 전체를 개인적 윤리와 연관된 도덕적 영역으로 축소된다. 그 결과 개신교 신앙은 구약 나아가 성경을 지극히 개인적이고 사적인 영역에 국한시켜 버렸다고 할 수 있을 것 같다. 그러므로 구약의 정치적 차원, 사회적, 구조적 차원에 주목하지 않는 것은 단순히 부족한 읽기가 아니라 하나님 말씀으로서의 성경 전체를 파괴하고 뒤흔들어버리는 읽기라고 할 수 있다. 정치적 차원의 상실이 성경을 격언 모음집이나 영적 비밀 모음집으로 읽게 만든다는 점에서, 우리가 흔히 행해오는 성경 해석은 이미 이단 사이비 종파의 출현을 배태하고 있다.

틀과 구조를 둘러싼 정치적인 측면을 고려하지 않은 채, 개인 윤리에만 집중하는 것의 폐해를 가장 단적으로 보여주고 있는 것은 2차 대전 시기 유대인 학살을 수행한 아이히만A. Eichmann의 사례라고 할 것이다.[4] 부지런하고 꼼꼼하고 철저하게 아이히만은 자신에게 부여된 국가의 명령을 수행하여, 무수한 유대인을 가스실에서 죽게 하였다. 나름대로 유대인 추방을 위해 애써왔던 그의 활동을 보건대, 그의 유대인 학살은 못되고 간악한 성품과는 아무런 상관이 없음을 알 수 있다. 자신의 부모라 할지라도 국가에서 명령이 된다면 동일한 절차로 진행했을 것이라는 아이히만의 진술을 보건대, 성실하고 충성되게 살아가라는 가르침을 개인적 차원으로만 해석해서는 안된다는 것을 깨닫게 된다. 정치적인 이해를 한다는 것은 틀과 구조에 대해 인식하는 것이다. 성경의 말씀을 개인적이고 내면적인 것으로 만들기를 거부하는 것이다. 그렇지 않으면 아이히만과 같은 존재의 출현은 필연적이다.

---

4) 한나 아렌트, 김선욱 옮김, 『예루살렘의 아이히만』(한길사, 2006).

평화를 위한 기도

예레미야 29장은 바벨론에 의해 주전 597년 포로로 끌려간 이들에게 보낸 예레미야의 편지를 담고 있다. 당시에 포로로 끌려 갔던 이들 가운데 있던 거짓 선지자들이, 포로 생활이 곧 끝날 것이라고 선동하였던 것에 비해, 예레미야는 "집을 짓고 거기에 살며 텃밭을 만들고 그 열매를 먹으라 아내를 맞이하여 자녀를 낳으며 너희 아들이 아내를 맞이하며 너희 딸이 남편을 만나 그들로 자녀를 낳게 하여 너희가 거기에서 번성하고 줄어들지 아니하게 하라" 권면한다렘 29:5-6. 포로 생활이 금방 끝나리라 헛된 기대를 품고 살 것이 아니라, 오래오래 살 것처럼 정착하여 살아갈 것을 권하고 있는 것이다. 정착하여 살아간다는 것을 보여주는 또 다른 상징으로 예레미야는 다음과 같이 권한다.

"너희는 내가 사로잡혀 하게 한 그 성읍의 평안"샬롬"을 구하고 그를 위하여 여호와께 기도하라 이는 그 성읍이 평안함으로 너희도 평안할 것임이라"렘 29:7

이스라엘이 바벨론 땅에 오래 머물 것이기에 그들은 그 땅을 위해 기도해야 한다. 어느 한 곳에 오래 머물게 된다는 것은 그 땅을 위해 기도하는 것이다. 그 땅을 위한 기도를 위 구절에서는 "성읍의 평안"을 구하는 것으로 표현하고 있다. 이에 따르면 성읍이 평안하지 않으면 거기에 살고 있는 유다 포로들 역시 평안할 수 없다. 이 구절은 성읍의 평안이 없는 개인의 평안이 가능할 수 없음을 명확하게 제시하고 있다. 다시 말해 평안할 수 없는 기울고 망해 가는 사회에서 나 홀로 평안하고 감사한 삶을 살 수는 없다는 것이다. 바울의 다음과 같은 권면 역시 이러한 맥락에서 이해될 수 있다.

"그러므로 내가 첫째로 권하노니 모든 사람을 위하여 간구와 기도와 도고와 감사를 하되 임금들과 높은 지위에 있는 모든 사람을 위하여 하라 이는 우리가 모든 경건과 단정함으로 고요하고 평안한 생활을 하려 함이라"딤전2:1-2

그렇다면 한 성읍의 평안을 구한다는 것은 무슨 의미일까? 위에서 언급하였듯이, 예레미야가 전한 말씀에는 바벨론에 대한 멸망 선포가 있다. 그리고 그러한 멸망 선포의 근거는 교만으로 대표되는 바벨론의 죄악이었다. 그렇다면 평안을 위해 기도한다는 것이 바벨론에 그저 평화가 찾아오기를 구하는 기도이지 않을 것이다. 바벨론이 교만하다면 평화는커녕 패망과 재앙이 닥쳐오게 될 것이기 때문이다. 가령, 하나님께서는 예레미야로 하여금 이스라엘 백성을 위해 중보 기도하지 말라고 강하게 이르신다. 왜냐하면 그들이 유다 성읍들과 예루살렘 거리에서 행하는 일들이 심히 악하기 때문이었다.렘7:16-20 예레미야가 해야 할 것은 중보 기도가 아니라 다음과 같이 참으로 하나님께서 구하시는 것이 무엇인지를 전하는 것이었다.

"너희는 이것이 여호와의 성전이라, 여호와의 성전이라, 여호와의 성전이라 하는 거짓말을 믿지 말라 너희가 만일 길과 행위를 참으로 바르게 하여 이웃들 사이에 정의를 행하며 이방인과 고아와 과부를 압제하지 아니하며 무죄한 자의 피를 이 곳에서 흘리지 아니하며 다른 신들 뒤를 따라 화를 자초하지 아니하면 내가 너희를 이 곳에 살게 하리니 곧 너희 조상에게 영원무궁토록 준 땅에니라"렘7:4-7

평화를 빈다는 것은 그저 주문 같이 기도하는 것을 의미하지 않는다. 이스라엘은 평화를 구하였으나 그 길과 행위가 바르지 않았기에 쫓겨나고 말았다. 그러므로 그들이 살아가는 곳의 평안을 빈다는 것은 그 곳 가운데 평화에 합당한 일이 이루어지도록 비는 것이라고 할 수 있다. 평화에 합당한 일의 핵심은 위에 인용한 7장 본문에 따르면 "정의"이다. 이에 해당하는 히브리말은 "미슈파트"이다. 이 표현은 종종 "공의"로 번역되는 "쩨다카"와 함께 쓰여 하나님께서 요구하시는 이스라엘의 올바른 삶의 기준으로 널리 쓰인다. 위 구절에 따르면 "정의"는 나그네, 고아, 과부와 같은 이들을 압제하거나 억울하게 피 흘리게 하지 않는 것이다. 이것은 다음과 같은 표현들에서도 확인된다.

"여호와께서 이와 같이 말씀하시되 너희가 정의와 공의를 행하여 탈취 당한 자를 압박하는 자의 손에서 건지고 이방인과 고아와 과부를 압제하거나 학대하지 말며 이 곳에서 무죄한 자의 피를 흘리지 말라" 렘 22:3

"주 여호와께서 이같이 말씀하시느니라 이스라엘의 통치자들아 너희에게 만족하니라 너희는 포악과 겁탈을 제거하여 버리고 정의와 공의를 행하여 내 백성에게 속여 빼앗는 것을 그칠지니라 주 여호와의 말씀이니라 너희는 공정한 저울과 공정한 에바와 공정한 밧을 쓸지니" 겔 45:9-10

예레미야의 구절은 이스라엘의 개인을 향한 명령이지만, 에스겔의 구절은 통치자들을 향한 구절이다. 그렇다면 정의와 공의를 행하는 삶, 가난한 자를 압제하거나 학대하지 않는 삶은 이스라엘의 왕들이 준행해야 하는 핵심적인 사항이면서 모든 이스라엘이 그들의 일상 가운데 실천해야 하는 사항임을 알 수 있다. 이 점은 하나님께서 처음 정의와 공의를 행하는 삶을 명령하신 것이 아브라함이라는 점에서도 두드러진다.

> "내가 그로 그 자식과 권속에게 명하여 여호와의 도를 지켜 '의와 공도' "쩨다카"와 "미슈파트"; 동일한 용어가 다른 곳에서는 대개 '공의와 정의'로 번역됨를 행하게 하려고 그를 택하였나니 이는 나 여호와가 아브라함에게 대하여 말한 일을 이루려 함이니라"창 18:19

통치자들을 향한 명령과 아브라함을 향한 명령이 동일하다는 것은 아브라함과 그의 뒤를 따르는 이스라엘의 삶이 세상에서 왕과 같은 삶으로의 부르심임을 발견하게 한다. 그리고 이 점은 창조 때부터 온 세상의 왕이신 하나님께서 그의 형상과 모양대로 사람을 지으셨다는 점에 이미 전제되어 있는 것이기도 하다. 아담과 하와 이래, 사람은 세상에 하나님을 본받은 왕적 통치를 감당할 자들이며, 아브라함의 부르심은 이 점을 극명하게 드러낸다. 그런 점에서 다윗이 정의와 공의로 나라를 다스렸다는 언급삼하 8:15은 그가 하나님이 지으시고 부르신 사람의 본보기와 같은 존재임을 보여준다. 구약의 많은 구절들이 하나님이야말로 온 세상을 정의와 공의로 다스리시는 분이라고 증언한다시 33:5; 89:14; 97:2; 사 5:16; 33:5는 점은, 사람이 행하는 정의와 공의가 실상 하나님의 통치를 본받는 삶임을 보여준다. 참으로 사람은 하나님을 본받는 왕인 것이다. 왕의 다스림, 왕의 통치를 생각한다면, 우리는 하나님 백성의 행함이 필연적으로 통치와 연관된 정치적 차원을 지닐 수 밖에 없음을 알게 된다. 그런 점에서 다음과 같은 시편 구절은 단지 현실의 왕만이 아니라 모든 하나님의 백성들을 향한 권면으로 읽어야 할 것이다.

"그가 주의 백성을 공의로 재판하며 주의 가난한 자를 정의로 재판하리니"시 72:2

정의와 공의로 가난한 이들을 재판한다는 것이 무엇인지 72편은 계속해서 설명하고 있다.

"그가 가난한 백성의 억울함을 풀어 주며 궁핍한 자의 자손을 구원하며 압박하는 자를 꺾으리로다"72:4
"그는 궁핍한 자가 부르짖을 때에 건지며 도움이 없는 가난한 자도 건지며 그는 가난한 자와 궁핍한 자를 불쌍히 여기며 궁핍한 자의 생명을 구원하며 그들의 생명을 압박과 강포에서 구원하리니 그들의 피가 그의 눈 앞에서 존귀히 여김을 받으리로다"72:12-14

참고: "너희는 스스로 씻으며 스스로 깨끗하게 하여 내 목전에서 너희 악한 행실을 버리며 행악을 그치고 선행을 배우며 정의를 구하며 학대 받는 자를 도와주며 고아를 위하여 신원하며 과부를 위하여 변호하라 하셨느니라"사1:16-17

이상의 본문들은 정의와 공의를 행하는 것이 재판이라는 구약의 제도를 기반으로 하고 있음을 보여준다. 하나님의 세상 다스리심과 연관하여 하나님을 왕이시면서 재판관이라 고백하는 구절에서 보듯사33:22, 재판 제도는 이 땅 가운데서 하나님의 통치를 본받는 행동의 핵심적인 측면이라 할 수 있다. 그리고 여기에서 우리는 재판으로 상징되는 사회의 구조와 틀의 중요성을 인식할 수 있다.

정의와 공의로 행한다는 것은 구약에서 가장 중요하고 기본적인 틀인 재판에서 가난하고 힘 없는 이들로 부당한 처우를 받지 않게 하는 것이다. 재판관 혹은 왕은 그렇게 약한 이들을 보호하고 지켜야 한다. 권력을 지닌 왕이 포도주나 독주를 마시면 안되는 까닭은 술에 취할 경우 가난한 자들의 억울함을 제대로 풀어주지 못하게 되기 때문이다잠 31:4-5. 한 마디로 권력의 유일한 존재 이유는 이방인, 고아, 과부로 대표되는 이들을 보호하고 신원하기 위한 것이다. 그럴 때 그 권력은 하나님께서 힘을 주신 까닭을 성취하고 있는 것이며, 그러한 권력 행사는 하나님의 세상 통치를 본받는 것이다.

하나님께서는 정의와 공의를 행하지 않는 통치자들을 반드시 심판하신다. 왕이라 할지라도 불의를 행한다면 무용지물이고 악할 뿐이다욥 34:18. 그러한 왕은 하나님이 세우신 왕이 아니라 사람들이 자기 욕심으로 된 것일 뿐이다호 8:4. 흔히 지도자는 하나님에 세웠으니 함부로 말해서는 안된다 하지만, 구약의 근본적인 선언은 모든 사람이 하나님의 형상을 닮은 왕과 같은 존재라는 것이다. 모든 이가 하나님이 세우신 왕이되, 왕의 통치를 행하지 않는다면 하나님께서 심판하신다. 실제 현실에서 다윗 가문의 왕이든 일반 백성이든, 정의와 공의의 삶은 모두에게 주어진 명령이며, 모두 그에 따라 심판 받는다.

그에 비해 하나님께서 세우시는 통치자는 다르게 통치한다.

"여호와의 말씀이니라 보라 때가 이르리니 내가 다윗에게 한 의로운 가지를 일으킬 것이라 그가 왕이 되어 지혜롭게 다스리며 세상에서 정의와 공의를 행할 것이며"렘 23:5

"그 정사와 평강"샬롬"의 더함이 무궁하며 또 다윗의 왕좌와 그의 나라에 군림하여 그 나라를 굳게 세우고 지금 이후로 영원히 정의와 공의로 그것을 보존하실 것이라 만군의 여호와의 열심이 이를 이루시리라"사 9:7

이스라엘이 살고 있는 성읍의 평화를 빈다는 것은 단순한 중보 기도이지 않다. 그것은 그 성읍 가운데 정의와 공의가 임하기를 구하는 것이다. 그렇기에 바벨론 땅에서 살아가며 바벨론의 관리가 된 다니엘 역시 왕을 향해 본질적으로 동일한 것을 촉구하고 있다.

"… 하나님이 다스리시는 줄을 왕이 깨달은 후에야 왕의 나라가 견고하리이다 그런즉 왕이여 내가 아뢰는 것을 받으시고 공의아람어 "찌드카"=히브리어 "쩨다카"를 행함으로 죄를 사하고 가난한 자를 긍휼히 여김으로 죄악을 사하소서 그리하시면 왕의 평안함이 혹시 장구하리이다 하니라" 단4:26-27

나라의 견고함과 평안이 공의를 행하고 가난한 자를 긍휼히 여기는 것에 달려 있다는 다니엘의 충고는 아브라함과 이스라엘을 향한 하나님의 권면을 이방 나라에도 동일하게 적용하고 있다.

이스라엘은 바벨론에 포로로 끌려 갔다. 거짓 선지자들은 그들로 하여금 바벨론에서 곧 돌아오게 될 것이라는 거짓 희망을 부추겼고, 그로 인해 바벨론에서의 삶을 덧없고 오래 가지 않는 것으로 여기게 했을 것이다. 그러나 하나님이 보내신 참 예언자인 예레미야는 바벨론에서의 세월이 70년이라 선언한다렘 29:10. 70년이 의미하는 것은 하나님의 모든 뜻을 따라 그 때가 충만하게 차게 되는 것이라고 할 수 있다. 그러므로 이스라엘은 당장 떠나올 사람처럼 살아갈 것이 아니라, 그 땅에 오래 머물 사람처럼 살아야 한다. 그렇기에 그들은 그들이 살고 있는 성읍의 평화를 위해 기도해야 한다. 그들이 살아가는 세상의 상황을 알아야 하고, 그들이 처해 있는 현실의 흐름을 알아야 한다. 공의의 열매가 평화일진대사32:17, 성읍의 평안을 위한 포로된 이들의 기도는 그 땅의 정치적인 현실에 대한 관심과 결코 무관할 수 없는 것이다.

구속과 하나님 나라

개인과 나라의 분리, 정치적 관심의 실종을 초래한 중대한 원인의 하나에는 '구속'이라는 개념도 있다고 여겨진다. 종종 하나님께서 그 백성에게 자신을 드러내신 계시의 목적을 가리켜 구속救贖; redemption이라고 표현하곤 한다.[5] 우선 '구속'은 어떤 영혼에 해당되는 것이 아니라 몸 전체에 관한 것임을 지적해둘 필요가 있다. 하나님께서는 애굽에서 종살이하던 이스라엘을 그들의 부르짖음을 듣고 건져 내셨다. 이스라엘은 영혼이 건짐 받은 것이 아니라 그들의 삶 전체의 자유케 함을 경험하게 되었다. 참으로 그들은 '구속' 되었다. 예수께서 우리의 대속물로 오셨다는 고백가령, 막10:45은 죄에 매인 인생들을 구속하시며 자유케 하시는 주님의 행하심을 잘 드러낸다. 그러나 하나님께서 자신을 이스라엘에 계시하신 목적이 이렇게 구속하는 것에만 있지 않다.

"그러므로 이스라엘 자손에게 말하기를 나는 여호와라 내가 애굽 사람의 무거운 짐 밑에서 너희를 빼내며 그들의 노역에서 너희를 건지며 편 팔과 여러 큰 심판들로써 너희를 속량하여 너희를 내 백성으로 삼고 나는 너희의 하나님이 되리니 나는 애굽 사람의 무거운 짐 밑에서 너희를 빼낸 너희의 하나님 여호와인 줄 너희가 알지라"출6:6-7

"세계가 다 내게 속하였나니 너희가 내 말을 잘 듣고 내 언약을 지키면 너희는 모든 민족 중에서 내 소유가 되겠고 너희가 내게 대하여 제사장 나라가 되며 거

---

5) 윌리엄 S. 라솔, 박철현 옮김, 『구약 개관』(크리스챤다이제스트, 2006), 24-37.

룩한 백성이 되리라"출 19:5-6

흔히 언약어구라 불리는 '내 백성-너희 하나님' 표현은 하나님의 백성으로 살아가는 이스라엘, 다시 말하면 하나님의 통치 안에 살아가는 이스라엘을 의미한다. 언약어구가 형식을 표현하는 용어라면, 이 용어의 실질적인 의미는 하나님의 통치, 하나님 나라인 것이다. 하나님께서 이스라엘을 속량 혹은 구속하신 까닭은 그들로 하나님의 통치, 하나님 나라 백성으로 살게 하기 위함이다. 레위기의 제사는 대속에만 목적이 있지 않다. 레위기의 아주 많은 부분은 그렇게 용서 받고 회복된 이들이 어떻게 살아갈 것인가를 다루고 있다. 이를 생각하면 하나님의 계시는 두 단계의 목적을 지닌다고 할 수 있다. 그 백성을 죄와 곤경의 상황에서부터 건져 내셔서 새로운 약속의 땅으로 이끄시는 것이 계시의 첫 번째 목적이라면, 그렇게 새로이 부름 받은 이들로 하나님의 백성으로 살게 하는 것은 계시의 두 번째 목적이요, 단계라고 할 수 있을 것이다. 예수께서도 처음부터 제자들을 부르실 때에 "나를 따르라" 초대하셨으며, 첫 제자들에게 주신 것으로 되어 있는 마태복음의 산상수훈은 제자들을 향해 "하늘에 계신 너희 아버지의 온전하심과 같이 너희도 온전하라"마 5:48 명령하신다.

계시의 궁극적인 목적이 하나님 나라 백성으로 살아가게 하는 것임을 기억할 때, 예수께서 명하신 지상 명령의 의미를 바르게 이해할 수 있다.

"예수께서 나아와 말씀하여 이르시되 하늘과 땅의 모든 권세를 내게 주셨으니 그러므로 너희는 가서 모든 민족을 제자로 삼아 아버지와 아들과 성령의 이름으로 세례를 베풀고 내가 너희에게 분부한 모든 것을 가르쳐 지키게 하라 볼지

어다 내가 세상 끝날까지 너희와 항상 함께 있으리라 하시니라"마28:18-20

하나님께서 늘 이스라엘과 함께 하신다 약속하시고 하나님께서 예언자들을 비롯한 하나님의 일꾼을 보내시는데, 이 구절에서는 예수께서 함께 하신다고 약속하시고 예수께서 제자들을 보내신다는 점에서, 예수는 여기서 하나님임을 알 수 있다. 이미 이 글의 앞에서 18절이 '권세'에 대해 말하고 있음을 보았다. 그러므로 이 구절은 하나님의 권세, 하나님의 통치를 말하고 있다.

예수께서 그 보내는 이들에게 명령하시는 것은 무엇인가? 여기서 제자는 세례 받는 것과 주께서 분부하신 모든 것을 가르쳐 지키게 하는 것, 두 가지로 구성된다는 것을 알 수 있다. 마태복음의 핵심적인 가르침이 '그의 나라와 그의 의를 구하는 것'임을 기억할 때, 주께서 분부하신 것의 핵심은 바로 하나님 나라와 그 의를 구하는 삶, 하나님 나라와 그 정의와 공의를 구하는 삶이라고 할 수 있다. 그리고 이것은 아브라함에게 명령하셨던 정의와 공의를 행하는 삶과 일치한다는 것을 알 수 있다.

그러므로 예수 그리스도로 말미암는 구속, 대속은 단순히 개인적인 어떤 것이지 않다. 구속을 통해 하나님 나라 백성으로 살아가게 하는 것이 제자됨의 근본적인 차원이다. 하나님 나라, 하나님의 통치를 구한다는 것은 우리 살아가는 현실에서 정의와 공의를 구하는 것이다.

나아가, 이 구절에서 예수께서 하나님과 동일시되고 있다는 점에서, 예수께서 분부하신 모든 것은 단지 신약과 마태복음이지 않다. 그것은 구약에서부터 이어져오는 하나님의 명령 전체이다! 그리고 이 명령을 전해야 하는 대상은 모든 족속이다! 이제 구약의 말씀과 예수님의 명령은 모든 세대, 모든 인류를 위한 말씀이다. 그러므로 신약의 시대를 살아간다는 것은 구약의 이스라엘을 오늘의 모든 인류로 이해해야 함을 의미한다. 주님의 지상 명령은 모든 이들에게 전도하라가 아니라, 모든 세상을 향해 하나님의 말씀과 하나님의 세상을 선포하라는 의미이다. 하나님께서 이르신 말씀을 믿는 자들 안에만 가두어 두지 말고, 온 세상을 향해 선포하라는 명령이다.

그렇게 볼 때, 마태복음의 핵심적 가르침을 모아놓은 산상수훈은 단순히 교훈 모음집이 아니라, 구약부터 이어져오며 예수 그리스도를 통해 성취되는 하나님 나라 백성의 삶을 다룬 것이다. 구약의 맥락에서 산상수훈을 읽는 것이 올바른 읽기이다. 그리고 보면 마태복음은 철저히 구약의 맥락에서 읽혀야 한다. 아니, 복음서가 다 그러하며 바울서신이 다 그러하다. 이 맥락이 무시되었기에 이제까지의 신약 읽기가 비역사적인 개인적 교훈으로 전락하게 되었다고 할 수 있다. 여기에 결정적으로 기여한 요소의 하나는 원래는 동일한 단어에서 유래했던 "칭의justification"와 "정의justice"가 완전히 분리되어 버린 채 의미가 애매하면서 구약에서는 그리 발견되기 어려운 '법정적 칭의' 혹은 '사법적 칭의' 개념이 만연하게 되었다는 점이라고 할 수 있다.

하나님 나라, 하나님의 통치라는 주제는 이미 구약 성경이 강렬하게 증거하고 있는 것이다. 그래서 복음서 기자는 이 부분에 대해 다시 긴 이야기를 하지는 않는다. 그것은 전제되어 있는 것이다. 그러나 오늘 우리는 구약을 제대로 읽지 않기에, 신약 기자들의 기본적인 전제를 이해할 수 없게 되어 버렸다. 그러다 보니 복음이 실종되어 버린 것이다. 그로 인해 신약의 복음은 개인적이고 사적인 회복과 미래 약속에 대한 말씀으로만 국한되어 버렸다. 이것은 신약 성경을 꼼꼼히 읽는다고 해결되는 문제가 아닌 것 같다. 이것은 구약을 잃어버렸기 때문에 발생한 상황이다. 오늘날 우리 교회가 구약 성경도 열심히 읽는다고 해서 이것이 해결되지는 않는다. 왜냐하면 이제는 구약마저도 신약의 시각으로 읽게 되었기 때문이다.

아울러 이러한 변화에는 제2성전기의 영향도 있을 것이다. 유대인들이 현실 정치와 자신들의 신앙을 분리시킨 것은 제2성전기가 가져온 결과라고 할 수 있다. 바벨론과 페르시아, 알렉산더 제국에서 로마에 이르기까지 그야말로 인류에 등장한 초강대국이라는 현실이 유대인들이 살아온 600년 가까운 세월이었고, 그들이 선택할 수 있는 유일한 길은 현실 정치를 인정하고 그 안에서 자신들이 신앙 생활할 수 있는 권리를 보장받는 것이었다. 그러나 오늘 대부분의 세계는 자국민들에 의해 선출된 민주적인 정부에 의해 다스려지고 있음에도, 여전히 교회는 강력한 제국의 식민지 백성의 흉내를 내고 있다는 것이 우리의 문제일 것이다.

그러므로 신약에서의 구약 성취 문제는 단순히 인용구로 해결될 수 있는 것이지 않다. 가장 중요한 것은 자구가 아니라 구약이 줄기차게 말하고 있는 것이다. 구약 구절 인용 문제를 바라보는 가장 중요한 안목은 구약이 전하고 있는 거대한 서사의 위에서 인용 문제를 바라보아야 한다는 것이다. 그렇지 않았기에 이제까지의 신약의 구약 인용 문제가 제한적이고 개별적이었다고 할 수 있다.

아브라함의 삶은 온 인류를 향한 하나님의 경륜의 시작이다. 왕으로서의 아브라함은 온 인류를 향한 하나님의 행하심이다. 그러므로 하나님의 통치, 하나님의 형상, 하나님을 닮아가는 삶의 의미는 서로 연결되어 있으며, 구약에서 말하는 하나님 나라로서의 삶은 근본적으로 정의와 공의에 기초해 있다. 이것은 구약의 일부분이 아니다. 구약이 하나님 나라를 말하는 한, 그리고 사무엘서에서 다루는 왕정에 대한 요구가 구약의 핵심적인 본문인 한, 정의와 공의는 구약의 중심에 놓여 있다. 아브라함에게 정의와 공의가 요구되었고, 다윗은 그것을 행하였다. 시편과 예언서들은 정의와 공의의 중요성을 뚜렷이 보여주고 있으며, 레위기를 비롯한 오경 역시 그러하다. 이것은 욥기와 잠언에서도 관철되고 있다. 그런데 우리는 어떻게 해서 정의와 공의를 잃어버리게 되었는가? 기껏해야 주변적인 요소의 하나로 이들을 다루고 있을 뿐이다. 나라를 잃어버리면서 참된 나라가 또렷해지는데, 이와 더불어 개인화, 사사화도 진전되어 버렸다. 그리고 이러한 모습은 예수를 넘겨 버린 유대인들의 외침, 가이사 외에는 왕이 없다는 말에 반영되어 있다. 구약 신앙이 철저하게 비역사화되면서, 하나님을 믿고 왕으로 섬기는 것은 하나의 종교가 되었고, 이제부터 종교는 내면을 치료하고 위로하며 혹독한 현실을 견뎌내게 하는 심리적 기제가 될 것이다.

예수 그리스도의 왕되심은 구약에서 하나님의 왕되심에 대한 증언에 기초한다. 구약에서의 진술이 명확하게 정리가 될 때, 그러한 흐름의 성취로서 예수 그리스도의 왕되심이 드러나게 된다. 왕의 통치에 대한 오해들이 있다. 구약은 왕되심이라는 것이 무엇을 의미하는지를 보여준다. 실제 역사 안에서 실험했기 대문에 이 제안은 타당하다. 그리고 이러한 실험을 통한 결론이 예수 그리스도의 오심과 사역이라고 할 수 있을 것이다. 구약이 없다면 예수님의 낮아지심은 그저 겸손이 되며, 그저 온유함이 된다. 그런데 구약이 있음을 통해 예수의 낮아지심은 왕의 통치가 되고 이 땅에 오신 하나님의 다스리심이 된다. 구약이 없다면 신약은 개인 윤리를 전하는 책이 된다. 구약이 있길래 신약은 하나님 나라의 성취가 된다.

톰 라이트의 견해를 다시 언급해 보자. 그는 우리 교회가 전통적으로 고백하는 신조에 예수님의 삶과 사역을 전하는 복음서의 내용이 거의 들어 있지 않다는 점, 그리고 구약이 전혀 언급되지 않는다는 점을 발견했을 때의 당혹스러움을 말한다.[6] 이스라엘의 지난한 역사가 없으니, 신약은 인간의 전적인 타락

---

6) 라이트, 35-36, 105.

과 그로 인한 회복으로서의 십자가로 대표되어 버린다. 기껏해야 구약은 죄 많은 인간의 실상을 보여주는 예가 될 뿐이다. 얼마나 타락했는가를 보여주기 위해 구약 전체가 존재하는 셈이다. 그것은 지독한 지면 낭비이고 역사 낭비라고 해야 하지 않을까? 구약의 진정한 국면은 구약이 그리고 보여주는 세상이다. 하나님께서 지으신 세상이 얼마나 아름다운지, 하나님께서 그 백성들에게 기대하시고 찾으시는 것이 무엇인지를 보여준다. 비록 실패하고 하나님을 떠났으나 돌아가야 할 지점이 어디인지, 회복해야 할 이상이 무엇인지를 보여준다. 구약이 없어진다는 것은 회복의 내용 자체가 사라져 버린다는 것을 의미한다. 구약이 없어지니, 역사가 없어지고, 남는 것은 실존뿐이다.

이 점은 웨스트민스터 신앙고백문에 대한 그의 깨달음에서도 볼 수 있다. 이 고백문은 예수의 신성과 인성에 대해 말하고 있지만 예수님의 활동에 대해서 아무런 내용이 실제로 없다. 낮아지셨다고 말하고는 있지만, 주님의 사역의 의미가 풀이되지 않는다. 결국 우리네 신앙고백문들은 예수님의 생애에 대해 복음서가 그토록 말하고 있는 내용이 큰 의미가 없는 셈이다. 무엇이 문제인지 뚜렷해진다. 우리네 고백문 자체가 우리들의 신앙을 내용 없는 형식, 라이트의 표현대로라면 빈 망토로 만들고 있다고 할 수 있다. 신앙고백문 자체가 우리네 삶을 지극히 개인적이고 사적인 신앙 실천으로 이끈다고 할 수 있다. 이 문제점은 우리네 신앙 교육, 우리네 교리 교육의 틀 자체의 문제이기도 하다는 것이다. 이것은 단편적인 문제가 아니라 매우 본질적인 문제이다. 그러다 보니 우리 안에서 선행에 대한 강조가 있기는 하지만, 이것이 하나님 나라라는 큰 틀 안에 놓여 있지 않고, 새로운 피조물이라는 관점에서 다루고 있지 않기 때문에 지극히 미미하고 약하다. 해도 되고 안 해도 그만인 규정들에 불과하다. 여기에는 구약을 삼구분하는 특이한 관행과도 연결된다. 이런 식의 접근은 구약을 그야말로 옛 언약으로 만들어 버린다. 구약의 약화는 구약의 약화에서 그치지 않고 반드시 삶의 붕괴, 외식적이고 위선적인 신앙, 잘 해야 지극히 개인적인 신앙으로 귀결한다.

다시 신약과 하나님 나라로

초대 교회와 바울이 전한 복음은 하나님 나라였다.

"빌립이 하나님 나라와 및 예수 그리스도의 이름에 관하여 전도함을 그들이 믿고 남녀가 다 세례를 받으니" 행8:12

"바울이 회당에 들어가 석 달 동안 담대히 하나님 나라에 관하여 강론하여 권면하되" 행19:8

"그들이 날짜를 정하고 그가 유숙하는 집에 많이 오니 바울이 아침부터 저녁까지 강론하여 하나님의 나라를 증언하고 모세의 율법과 선지자의 말을 가지고 예수에 대하여 권하더라" 행28:23

"바울이 하나님 나라를 전파하며 주 예수 그리스도에 관한 모든 것을 담대하게 거침없이 가르치더라" 행28:31

"하나님의 나라는 먹는 것과 마시는 것이 아니요 오직 성령 안에 있는 의와 평강과 희락이라" 롬14:17

그런데 정작 바울서신에서 하나님 나라의 구체적인 내용에 대해 파악하기는 간단치 않다. 그로 인해 하나님 나라가 신약의 중심인 줄은 알지만, 개인의 윤리를 넘어서 사회와 틀에 대해 언급하고 다루는 것을 신약은 다루지 않는다는 생각이 퍼져 있기도 하다. 예수 그리스도 이래 주후 2세기 중반까지 새로 시작한 기독교 교회의 구속력 있는 권위가 구약 밖에 없었다는 점[7]을 간과하고 있다는 문제가 여기에 있다. 초기 교회의 그리스도인들의 말과 행동과 삶은 당연히 구약에 근거하고 있다. 당연히 그들이 전한 하나님 나라는 구약에 기반하고 있다고 보아야 할 것이다. 앞에서도 이야기했지만, 복음서를 비롯하여 바울의 편지들을 읽는 가장 기본적이면서도 중요한 문맥은 모세의 율법과 선지자의 글, 즉 구약인 것이다. 바울 서신은 하나님 나라를 전제하고 있다. 바울이 전하고 있는 것은 하나님 나라 안에 살아가는 삶을 전하고 있다. 다음과 같은 잘 알려진 구절을 이해하는 문맥 역시 구약과 구약이 증거하는 하나님 나라이다.

"너희는 유혹의 욕심을 따라 썩어져 가는 구습을 따르는 옛 사람을 버리고 오직 너희의 심령이 새롭게 되어 하나님을 따라 의와 진리의 거룩함으로 지으심을 받은 새 사람을 입으라" 엡 4:22-24

이 구절은 하나님 형상대로 지음 받은 하나님 나라 삶의 회복을 말한다. 이 말씀의 알맹이는 하나님 통치의 삶이며 그 내용은 구약에서 드러난다. 의와 진리, '하나님을 따라'와 같은 표현의 문맥은 바울서신이 아니라 구약이다.

---

7) Lee Martin McDonald, *The Biblical Canon. Its Origin, Transmission, and Authority* (Hendrickson Publishers, 2007), 248.

"그런즉 누구든지 그리스도 안에 있으면 새로운 피조물이라 이전 것은 지나갔으니 보라 새 것이 되었도다" 고후 5:17

새로운 피조물 말씀의 문맥 역시 창세기로 대표되는 구약이며, 하나님 나라이다. 그것이 없으면 새 피조물의 내용이 없어진다. 새로운 피조물이라는 것은 단순히 모든 문제가 해결되었다가 아니라, 이제 하나님의 창조를 따라 우리에게 맡겨진 사명, 다스리고 정복하라는 현대적인 사명을 감당해 나가야 한다는 것을 의미한다. 창세기가 그리스도 안에서 새로 시작하는 것이다. 창조의 그 순간이 예수 그리스도의 십자가로 말미암아 다시 모든 인류의 몫이 된 것이다. 그러므로 고린도후서 말씀은 반드시 구약의 말씀으로 보완되어야 한다. 그렇지 않으면 '새로운 피조물'이 무슨 의미인지 내용이 없어진다.

엠마오로 내려가는 제자들에게 나타나신 주님은 모세와 모든 선지자로 시작하여 모든 성경에서 자신에 관한 내용을 설명하셨다 눅 24:27. 성경 즉 구약에 예수님에 관한 무슨 내용이 있는가? 구약에서 예수님을 예언하고 있는 몇몇 구절들을 가리키는 것이지 않다. 주님은 구약 전체를 하나님의 보내신 메시야의 관점에서 풀어가신 것이며, 달리 말해 하나님 나라의 관점에서 성경을 풀어가신 것이라고 할 수 있다. 그럴 때 구약 전체는 하나님에 관한 책이며 예수님에 관한 책이다. 구약의 특정 구절이 필요한 것이 아니라, 구약 전체를 하나님 나라의 관점으로 풀어가는 것이 관건이다.

"공중의 권세 잡은 자를 따랐으니"(엡 2:1)

예수로 말미암는 나라는 이 세상의 왕과 영토를 겨루는 나라이지 않다. 그러나 예수의 나라가 임하면서 세상 왕들은 더 이상 자신들이 사람들의 두려움의 대상이 아님을 알게 된다. 예수를 왕으로 고백하는 이들은 하나님이 필요에 따라 세우신 이로 현실의 왕을 존중할 뿐, 그들의 참된 충성심은 하나님께만 있다. 세상 왕은 악을 징벌하고 선을 포상하기 위해 존재한다롬 13:1-7. 만일 이러한 목적을 거스른다면 그는 그가 세워진 뜻을 거역하는 존재일 따름이다. 그래서 세상의 왕들은 그리스도인들을 용납하기 어렵다. 이들은 체제의 안정에 위협적인 존재이다. 언제건 하나님의 뜻을 떠나면 자신들의 열심을 하나님께만 돌릴 이들이기 때문이다. 그래서 세상의 왕들은 왕권신수설을 더욱 주장한다.

하나님의 왕되심은 참으로 현실의 왕들에게 위험한 사상이다. 그렇기에 왕들은 종교로 하여금 개인적이고 내면적인 부분에 집중하게 한다. 구약을 읽지 못하게 하거나 구약을 축소시키게 한다. 구약이 축소될수록, 신약이 '영적' 으로 해석될수록, 교회는 현실에 무관심해질 것이며, 그런 사람들이 늘어날수록 세상의 눈물은 더욱 커져 갈 것이고, 왕들의 권세는 더욱 견고해져 갈 것이며, 사람들은 이 모든 슬픔으로 인해 더욱 '영적' 이고 내면적 위로만을 추구하게 될 것이다. 그렇게 교회와 권력은 서로가 서로를 뒷받침하며 견고해질 것이다.

"새장에 새들이 가득함 같이 너희 집들에 속임이 가득하도다 그러므로 너희가 번창하고 거부가 되어 살지고 윤택하며 또 행위가 심히 악하여 자기 이익을 얻으려고 송사 곧 고아의 송사를 공정하게 하지 아니하며 빈민의 재판을 공정하게 판결하지 아니하니 … 선지자들은 거짓을 예언하며 제사장들은 자기 권력으로 다스리며 내 백성은 그것을 좋게 여기니 마지막에는 너희가 어찌하려느냐"렘 5:27-28, 31

그러므로 복음의 내면화, 복음의 개인화는 복음을 심각하게 왜곡한 것이다. 복음을 뒤틀어 버린 것이다. 복음을 이 세대의 왕들이 기뻐하는 형태로 변질시켜 버린 것이다. 그러므로 오늘 우리의 문제는 사회에 대한 관심의 결여이지 않다. 구제의 부족도 아니고, 사회정의 측면 활동의 부족도 아니다. 문제의 핵심은 복음의 결여, 복음의 '텅 빔' N.T. 라이트에 있다. 그리고 그것은 복음을 개인적으로 사적 차원으로 국한시켜 버림에서 비롯된 것이며, 그 점에서 "공중 권세 잡은 이"의 핵심적 전략이 바로 이것이라고 해야 할 것이다.

2장
그리스도인의 정치참여

조석민
기독연구원느헤미야 연구위원
에스라성경대학원대학교 신약학교수

그리스도인의 정치참여

조석민

들어가는 말

오늘날 우리나라의 정치 상황에서 그리스도인의 정치 참여라는 주제는 뜨거운 감자처럼 보인다. 정치인들이 공공의 이익과 개인의 사익을 구분하지 못하는 상황에서 사람들이 현실 정치를 혐오할 정도가 되었기 때문이다. 그렇다면 이런 정치 현실에서 그리스도인의 정치 참여는 어느 정도 필요한 것인지, 어떻게 구체적으로 행동해야 하는지, 질문하지 않을 수 없다.

정치와 종교의 역할이 분명하게 분리되지 않았던 구약성서 시대에 선지자들의 정치의 역할로서 예언은 종교 뿐 아니라 사회와 국가에 직간접으로 많은 영향을 주었다. 선지자들의 역할 가운데 중요한 기능이 사회와 국가의 예언자적 목소리를 발하는 것이었다. 하지만 근대 국가의 개념이 성립되면서 종교와 정치의 역할과 그 영역은 분리되어 마치 서로 아무 관련이 없는 것처럼 생각하게 되었다. 하지만 종교와 정치란 한 사회와 국가 속에서 서로 분리될 수 없는 관계 속에 있다. 이런 점에서 교회와 정치는 긍정이든 부정이든 서로 영향을 주고 받을 수밖에 없고, 현실 정치 속에 살아가는 그리스도인은 정치에 직간접으로 참여할 수밖에 없는 상황이다.

그리스도인의 정치 참여라는 주제와 관련하여 2013년에 가톨릭 전주교구에서 박근혜 대통령 퇴진 요구에 대한 시국미사의 진행은 많은 시사점을 준다. 가톨릭의 시국미사에 대하여 정치권과 종교계가 각각 그 영역에서 양분되어 보수와 진보의 목소리를 각각 드러내며 갈등 상황을 만들기도 했다.[1] 이런 실제 상황은 그리스도인이 현실 정치에 참여해야 하는지에 대한 좋은 사례가 될 수 있을 것이다.

이 글의 목적은 그리스도인의 정치 참여에 대하여 신구약성서에서 여러 구절들이 정치 문제와 관련이 있지만, 신약성서를 중심으로 고찰하려는 것이다.[2] 신약성서에서 이 주제와 관련하여 마가복음 12:17^{마 22:21; 눅 20:25}, 로마서 13:1-7, 그리고 베드로전서 2:13-17를 선택하여 그리스도인의 정치 참여라는 주제를 간략하게 살펴볼 것이다. 그리스도인의 정치 참여는 무엇인가? 그리스도인의 정치 참여가 필요하다면 그 근거는 무엇인가? 그리스도인의 정치 참여의 본질과 내용은 무엇인가?

이런 질문들에 답변하기에 앞서 첫째, 그리스도인의 공동체인 교회의 본질과 역할을 이 주제와 관련하여 간략하게 정리할 것이다.[3] 둘째, 이 글에서 사용하는 "정치"라는 용어에 대하여 간략하게 정의를 내릴 것이다. 셋째, 그리스도인의 정치 참여와 관련하여 신약성서의 세 부분^{막 12:13-17; 롬 13:1-7; 벧전 2:13-17}

---

1) 천주교정의구현 전주교구사제단은 2013년 11월 22일 전북 군산시 수송동성당에서 "불법선거 규탄과 대통령 사퇴를 촉구하는 미사"를 드렸다.
2) 정치와 관련된 성서의 구절들은 예를 들면, 잠 8:15; 렘 27:5-11; 단 1:2; 2:21, 37-38; 요 19:11; 롬 13:1-7; 딤전 2:1-2; 벧전 2:13-17, 등이다.
3) 이 글에서 "교회"란 개신교회를 의미하며, 항상 그리스도인의 신앙 공동체란 뜻으로 사용한다.

을 중심으로 고찰할 것이다. 넷째, 그리스도인의 정치 참여에 대하여 앞에서 고찰한 신약성서 본문을 중심으로 실천적인 면을 살펴볼 것이다.

1. 교회의 본질과 역할

교회의 정치적 역할을 고찰하려면 먼저 교회의 본질과 역할을 간략하게라도 언급해야 한다. 교회의 본질과 역할은 예수 그리스도와 그 분이 전한 복음 속에서 확인할 수 있다. 교회는, 아주 간략하게 요약하면, 예수 그리스도 안에 있는 하나님의 계시를 믿고 증언하는 신앙고백과 삶의 실천이 있는 신앙공동체이다. 교회의 본질과 역할에서 예수 그리스도를 온 세상에 증언하는 선교의 과제는 교회의 필수 요소이다. 하지만 교회의 선교 과제는 개인의 영혼 구원이란 역할 뿐 아니라, 하나님의 창조 세계 전 영역에서 하나님의 뜻을 드러내는 것이다.

이런 점에서 개인의 영혼 구원이란 단순히 예수 그리스도를 입으로 시인하고 죽어서 영혼이 천국에 가는 것이 아니라, 내 삶의 전 영역에서 하나님의 통치가 온전히 실현되는 실존 전체에 대한 새로운 생명 회복이다. 성서에서 가르치는 구원이란 육체와 영혼, 현세상과 내세를 모두 포함한 실존 전체를 의미하는 것이기에 육체로부터 분리된 영혼만의 구원이 아니다.[4] 이런 점에서 하나님의 구원은 총체적이다. 예수 그리스도로 말미암은 구원은 인간의 실존 전체에 대한 구원이다. 구원이 인간 실존 전체에 대한 것이라면, 이미 그 속에 세상의 모든 영역과 관련하여 교회의 역할이 암시되고 있는 것이다. 이것은 그리스도인의 정치 참여도 예외가 될 수 없다.

---

4) 김세윤, 『구원이란 무엇인가』 (서울: 두란노서원, 2001), 125-73을 참조하라.

교회의 역할과 본질에서 복음이란 하나님의 아들 그리스도이신 예수의 죽음과 부활로 말미암아 온 세상을 구원하여 새 생명을 회복하는 기쁜 소식이다참조. 고전15:1-11. 하나님께서 예수의 죽음과 부활을 통하여 인간의 구원을 이루셨다. 예수의 부활이란 자연적인 사건이 아니다. 예수의 죽음과 부활이란 우주 밖의 초월자이신 하나님이 직접 개입한 창조의 사건이다. 그 이유는 하나님이 십자가 위에서 죽은 예수에게 생명을 주었기 때문이다. 그러므로 예수의 죽음과 부활은 절대적인 의미가 있다. 베드로 사도는 이 사실에 대하여 하늘 아래 인간에게 예수 그리스도 외에는 구원을 얻을 만한 다른 이름을 주지 않았다고 선포한 것이다. 참조. 행4:12

이 복음을 개인적이고 인격적인 결단을 통하여 받아들이고 총체적인 삶을 위해서 인정하며 공공의 진리임을 선포하고 사는 사람들이 그리스도인들이다. 그리스도인들의 신앙고백과 그 결단은 곧 새로운 가치관과 세계관을 갖게 된 놀라운 변화를 의미한다. 레슬리 뉴비긴Lesslie Newbigin은 이런 점에서 복음을 공공의 진리the Gospel as public truth라고 주장한 것이다. 뉴비긴은 그리스도인의 실재는 세상 속에서 끊임없이 지속되는 복음의 이야기를 해석하는 동시에 옛 세계의 질서 속에서 새 창조를 계속해서 삽입하여 "과거와 현재 사이의 부단한 대화"를 이어가는 것이라고 정의한다.[5] 복음은 단순히 인간의 영혼 구원을 위한 도구가 아니라, 이 세상 속에서 그리스도인으로 살아가는 총체적인 삶의 내용이다. 이런 점에서 세상의 모든 영역 속에 교회의 역할이 포함되며, 그 가운데 공동체로서 교회의 정치적 역할도, 한 개인으로서 그리스도인의 정치 참여도 포함되는 것이다.

---

5) L. Newbigin, 『복음, 공공의 진리를 말하다』 (서울: SFC출판부, 2008), 18을 참조하라.

2. "정치"의 정의(定意, definition)

정치政治, politics란 무엇인가? 공동체로서 교회의 정치적 역할과 그리스도인의 정치 참여를 논하기에 앞서 먼저 "정치"란 무엇인가를 말해야 한다. 우리말 사전에서 정치란 "통치자나 정치가가 사회 구성원들의 다양한 이해관계를 조정하거나 통제하고 국가의 정책과 목적을 실현시키는 일", 또는 "개인이나 집단이 이익과 권력을 얻거나 늘이기 위하여 사회적으로 교섭하고 정략적으로 활동하는 일"이라고 정의한다. 하지만 정치에 대해 가장 널리 쓰이고 있는 학문적인 정의는 데이비드 이스턴David Easton이 내린 "사회적 가치의 권위적 배분"politics as authoritative allocation of values for society이다. 이 정의에 의하면 정치란 첫째, 권력을 행사하는 행위이다. 둘째, 가치 있는 것들을 합법적으로 권위적으로 배분하고 결정하는 과정이다. 셋째, 이익이나 권력을 추구하는 개인 또는 집단들 사이의 분쟁이나 갈등을 조정하고 해결하는 과정이다.

막스 베버Max Weber는 정치를 국가의 활동에 초점을 맞추어 이해하면서 "정치란 국가의 운영 또는 이 운영에 영향을 미치는 활동"이라고 정의하고 있다.[6] 하지만 1980년대 이후 포스트모더니즘의 영향으로 정치를 국가의 영역 뿐 아니라 모든 인간관계에 내재된 권력 관계로 정의하는 경향으로 변화되었다. 미셸 푸코Michel Foucault는 사적인 인간관계에서 개인의 신체와 정신을 꼼짝 못하게 하는 미세한 원인을 미시 권력=권력의 미시물리학이라고 정의한다.[7] 결국 정치는 "배분",

---

6) Max Weber, 『직업으로서의 정치』(서울: 나남, 2007); 박상훈, 『정치의 발견』(서울: 후마니타스, 개정3판, 2015), 65-68을 참조하라.
7) M. Foucault는 『감시와 처벌: 감옥의 역사』(파주: 나남, 재판 18쇄, 2012)에서 규율은 개인을 권력행사의 목적이자 수단으로 삼는 권력의 특수한 기술로 이해한다. 이런 이해 속에서 푸코는 규율, 개인, 권력의 상호관계를 설명하고 있다. 권력은 규율엄수와 징계, 감독과 제재라는 방법으로 가시적인 폭력을 사용하지 않고, 자기의 횡포와 전제성을 은폐하면서 그 기능을 효과적으로 가동시킬 수 있다.

"국가 혹은 정부의 활동", "권력 관계"라는 세 가지 측면에서 정의되고 있으며 어느 한 측면도 소홀히 여겨질 수는 없다는 것을 알 수 있다.

정치란 인간의 삶에서 떼어낼 수 없는 삶의 일부이다. 정치는 권력 투쟁만도 아니며, 사회의 이익을 분배하는 절차만도 아니다. 정치는 사회 정의를 실현하는 일이며, 그 정의 실현 방법을 놓고 정치세력끼리 경쟁하고, 이익 분배의 규칙도 만드는 것이다. 이런 점에서 정치는 경쟁과 협동이라는 두 가지 요소로 이루어진다고 할 수 있다. 정치의 목적은 사람의 행복을 증진시키는 것인데, 사회정의 실현을 통하여 행복한 사회를 구현하는 것이라고 할 수 있다.[8] 이런 점에서 정치가 사회 정의를 통해서 그 구성원들에게 행복한 삶을 부여할 수 없을 때 매서운 저항에 직면하게 되는 것이다.

사람뿐 아니라 비교적 고등 지능을 가진 동물의 세계에서도 일종의 정치 현상을 볼 수 있다고 주장하기도 한다. 〈동물의 왕국〉과 같은 텔레비전 프로그램에서 볼 수 있는 현상으로 예를 들면, 사자나 호랑이, 침팬지나 고릴라들이 자기들의 무리 안에서 지배권을 장악하기 위하여 때로는 피를 흘리며 투쟁하는 모습과 서로 편을 갈라서 어느 한 쪽을 추방하는 모습을 볼 수 있다. 이런 모습은 동물의 세계에서 볼 수 있는 정치 현상이라고 할 수 있다. 하지만 동물이라도 항상 권력 다툼을 위하여 피를 흘리는 투쟁만 계속하지는 않는다. 자기들의 무리 속에서 우두머리가 결정되면 그 최고 권력자는 무리의 안정과 생존을 위해 헌신하는 모습을 볼 수 있다. 이런 점에서 정치는 무리를 짓고 사는 무리 동물의 공통된 현상이라고 할 수 있다. 이런 현상을 가리켜 아리스토텔레스는 "사람은 정치적 동물"이라고 말한 것이다.[9]

---

8) 김영명, 『정치를 보는 눈』 (서울: 개마고원, 2007), 14-44를 참조하라.
9) 김영명, 『정치를 보는 눈』, 14-15.

정치란 인간 사회 속에서 발생하는 이해관계의 충돌을 조정하는 역할을 하는 것이라고 할 수 있다. 갈등조정 또는 이익 분배라는 측면에서 정치는 세 사람 이상 모이면 자연스럽게 나타날 수밖에 없다. 이런 점에서 정치는 가정에서도 일어난다. 정치는 작은 사회 조직에서도 일어난다. 이런 점에서 교회 공동체도 정치에서 예외일 수는 없다. 그래서 교회에도 교회 정치가 있다. 물론 현실 정치와 교회 정치는 서로 다른 영역이다. 하지만 정치라는 기본 개념은 동일하다고 말할 수 있다.

이렇듯 정치는 다양한 수준의 인간 생활에서 일어난다. 하지만 정치는 어느 수준에서든지 사적 영역이 아니라 공적 영역에서 일어나는 현상이다. 따라서 인간 생활 속에서 정치와 직접 관련이 없는 영역이 있을 수 있지만, 그런 경우는 거의 없다고 해도 과언이 아닐 것이다. 사람에 따라서는 정치에 전혀 관심 없이 살아갈 수도 있다. 하지만 인간은 사회를 구성하며 살아갈 때 정치를 떠나서 살 수 없는 존재이다. 개인의 의지와 상관없이 누구나 정치적 결정이나 사건들로 말미암아 그 삶에 직간접으로 크고 작은 영향을 받는다. 어느 누구도 정치의 영향을 벗어나서 살아갈 수 없다. 인간의 삶에서 정치와 직접 관련이 없어 보이는 영역도 간접적으로 정치의 영향을 받기 때문이다.[10]

예를 들면, 국내에서 최근 문제가 되고 있는 출산율 저하와 관련된 일이다. 출산이란 지극히 개인적이고 사적인 영역이 분명하다. 다시 말해서 부부가 아이를 낳고 안 낳는 것은 정치와 무관한 일이다. 하지만 국가의 보육정책이 얼마나 잘 되어 있는지에 따라 출산율이 오르고 내린다. 이런 점에서 아이 낳는 일을 부부가 결정하는 것처럼 보이지만 정치의 요소가 상당한 역할을 하는 것이

---

10) 김영명, 『정치를 보는 눈』, 14-44; 김형원, 『정치하는 그리스도인』 (서울: SFC출판부, 2012), 46-51를 참조하라.

분명하다.

　　매일 출근하는 직장인들이 타는 버스나 지하철의 노선, 배차 시간 및 요금과 택시 요금도 모두 정치적 결정의 산물이다. 정치적 결정으로 말미암아 버스나 지하철의 노선이 변경되기도 하고 요금이 오르거나 내리기도 한다. 청년들이 직장을 구하기 어려운 상황이 되는 것이나, 그들이 거처할 공간을 구하기 어려운 것도 그 배경에는 정치적 결정이 작용하기 때문이다. 청년세대들의 현실 상황을 묘사하는 삼포시대, 오포시대, 구포시대는 청년들의 문제이기 이전에 정치의 결과일 수밖에 없다.

　　한편의 영화를 감상할 수 있는 것도 영화 정책에 대한 정치적 산물과 밀접하게 연관되어 있다. 한 편의 영화가 보여주는 모든 것, 시나리오의 내용에서부터 상영이 허락된 영화관의 특성, 등은 그 시대의 영화 정책아래 치밀하게 얽혀 있는 시대와 제도의 종속물들이다. 시대가 반공을 부르짖을 때, 그 시대에 제작되어 상영허가를 받는 영화는 모두 똑같이 반공을 큰 목소리로 외쳐야 한다. 영화의 질적 차원에서 평가대상이 될 수 없는 노출장면이 어떤 보수적인 시대의 제도 아래서는 무참히 잘려지거나, 영화상영 자체를 불가능하게 하는 요인이 되기도 한다. 시대의 정책이 영화를 만들고 영화가 시대의 정책을 반영한다.[11]

　　대중가요의 가사와 박자, 음정도 정치적 결정의 영향을 받는다. 정치적으로 한 때 반공을 앞세울 때 모든 가수는 건전가요를 의무적으로 불러야 했다. 그 내용은 정치와 현실을 찬양하거나 국민의 애국심을 불러일으키는 요소를 포함해야 했다. 현재 대중가요는 심의 및 규제가사, 안무 의상를 받는데 그것을 심사하는 곳이 방송심의위원회이다. 서민들의 애환을 그려내고 삶의 숨구멍을 만들어내

---

11) 김동호 외 6인, 『한국영화정책사』 (파주: 나남, 2005). 이 책은 영화와 시대・제도가 맺는 불가분의 관계에 주목하여 일제강점기 이후부터 2002년까지의 한국영화 발전과 진화과정을 제도적 맥락에서 찾으려는 시도이다.

는 유행가 일지라도 정치와 무관하지 않다는 것을 쉽게 알 수 있다.

출판, 방송, 창업, 등등 우리의 삶에서 정치와 전혀 관계없는 영역은 그렇게 많지 않다. 이런 점에서 사람들이 정치에 무관심하면 자신의 삶에 큰 영향을 미치는 정치를 통제할 가능성이 그 만큼 줄어들고, 민주주의가 훼손될 가능성이 그만큼 커진다. 그래서 공동체로서 교회의 정치적 역할과 그리스도인 각 개인의 정치 참여는 매우 중요하고, 반드시 필요한 일이다.[12]

3. 그리스도인의 정치 참여에 대한 성서적 근거

그리스도인의 정치 참여에 대한 성서적 근거를 고찰하기에 앞서 국가와 종교의 관계를 간략하게 살펴볼 필요가 있다. 오늘날 국가와 종교의 관계에 있어서 보편적으로 수용되고 있는 공통의 원리는 종교의 자유와 정교분리政敎分離의 원칙이다. 정교분리의 원칙이 오늘의 단계에 이른 것은 루터와 칼빈의 종교개혁의 결과이다. 정교분리의 원리를 근대적인 실정 헌법에 최초로 명시한 것은 1791년의 미국 헌법 수정 제1조 First Amendment를 통해서 이다.[13] 우리나라 헌법도 1948년의 건국 헌법에서 종교의 자유와 정교분리를 규정한 이래 자구와 표현상의 수정을 거쳐 이 규정을 유지하고 있다. 현행 헌법 제20조는 ① 모든 국민은 종교의 자유를 가진다. ② 국교는 인정되지 아니하며, 종교와 정치는 분리된다 헌법 제10호 전부개정, 1987.10.29. 라고 명시하고 있다.[14]

---

12) 청년들의 빈곤한 삶이 바뀌지 않는 데는 정치가 제대로 그 역할을 하지 않고 있기 때문이다. 청년 일자리와 빈곤의 문제도 정치와 밀접하게 연결되어 있다. http://1boon.kakao.com/h21/poverty(안수찬, "가난한 청년은 왜 눈에 보이지 않는가?")를 참조하라.
13) 양 건, "국가와 종교에 관한 법적 고찰", 한국기독교사회연구원 편, 『국가 권력과 기독교』(역사와 기독교 제4집; 서울: 민중사, 1982), 32-62(32).
14) 한국교회의 정교분리의 역사와 관련해서 2014년 1월 14일 기독연구원 느헤미야에서 발표한 특

정교분리란 국가의 종교적 중립성 또는 비종교성을 의미한다. 정교분리의 근거는 종교의 자유를 완전히 실현하려는데 있다. 국가가 어느 특정한 종교를 국교로 하거나 우대하는 경우 이것은 다른 종교에 대한 침해의 결과를 가져오며 모든 종교를 동일하게 우대한다고 가정하더라도 그것은 무종교無宗敎의 자유를 침해하는 결과가 된다. 더욱이 국가와 종교의 유착은 국가와 종교를 모두 타락시키고 만다는 것이 역사의 일반적인 교훈이다. 정교분리의 내용과 정도는 각 나라의 역사적 배경에 따라 다양하지만 대체로 분리의 방향으로 전개되어 왔다. 정교분리의 원칙은 구체적으로 1국교의 부인, 2국가에 의한 특정 종교의 우대와 차별 금지, 3국가에 의한 종교적 활동의 금지, 등을 그 내용으로 한다.[15]

특히 정교분리의 원칙 속에 신약성서 가운데 마가복음 12:13-17[마 22:15-22; 눅 20:20-26], 로마서 13:1-7, 베드로전서 2:13-17은 정치 권력자들에 의해서 자주 오용되었다.[16] 먼저 마가복음 12:17, "이에 예수께서 이르시되 가이사의 것은 가이사에게, 하나님의 것은 하나님께 바치라 하시니 그들이 예수께 대하여 매우 놀랍게 여기더라."라고 예수께서 말씀하신 내용이 종교와 정치의 문제에서 자주 두 영역의 분리 근거로 오용되었기에 이 본문이 등장하는 전후 문맥[막 12:13-17] 속에서 본래의 의미를 확인해 볼 것이다.

강자료인 배덕만, "정교분리의 복잡한 역사: 한국의 보수적 개신교를 중심으로, 1945-2012", 1-21을 참조하라. 최종고, "한국교회와 정교분리", 기독교사상편집부 편, 『한국의 정치신학』 (기독교사상 300호 기념논문집 4; 서울: 대한기독교서회, 1984), 272-82를 참조하라.

15) 양 건, "국가와 종교에 관한 법적 고찰", pp. 50-51을 보라.

16) 이 주제와 관련해서 Lutz Pohle, 『그리스도인과 국가: 로마서 13장 연구』 (서울: 한국신학연구소, 1989)와 미야타 미쓰오, 『국가와 종교: 유럽 정신사에서 로마서 13장』 (서울: 삼인, 2004)을 참조하라.

3.1. 마가복음 12:13-17

13그들이 예수의 말씀을 책잡으려 하여 바리새인과 헤롯당 중에서 사람을 보내매 14와서 이르되 선생님이여 우리가 아노니 당신은 참되시고 아무도 꺼리는 일이 없으시니 이는 사람을 외모로 보지 않고 오직 진리로써 하나님의 도를 가르치심이니이다 가이사에게 세금을 바치는 것이 옳으니이까 옳지 아니하니이까 15우리가 바치리이까 말리이까 한대 예수께서 그 외식함을 아시고 이르시되 어찌하여 나를 시험하느냐 데나리온 하나를 가져다가 내게 보이라 하시니 16가져왔거늘 예수께서 이르시되 이 형상과 이 글이 누구의 것이냐 이르되 가이사의 것이니이다 17이에 예수께서 이르시되 가이사의 것은 가이사에게, 하나님의 것은 하나님께 바치라 하시니 그들이 예수께 대하여 매우 놀랍게 여기더라.

마가복음 12:13-17의 내용은 마태복음 22:15-22과 누가복음 20:20-26과 평행 본문이다.[17] 이 본문에서 바리새인들과 헤롯 당원들이 예수께 가이사에게 세금 바치는 문제를 질문했을 때, 그가 "가이사의 것은 가이사에게, 하나님의 것은 하나님께 바치라"17절라고 대답하신 것은 정교분리를 주장하는 근거가 될 수 있는가? 이 질문에 대답하기 위하여 우리는 본문의 문맥 속에서 그 내용을 살펴볼 것이다.

본문은 바리새인들이 예수께 가이사에게 세금을 바치는 것이 옳은지 질문하면서 그를 올무에 걸리게 하려는 것이다. 이미 바리새인들이 예수의 가르침

---

17) 같은 내용을 외경인 〈도마복음서〉 100:1-3, "그들이 예수님께 금화를 보여 주며 말하였다. '황제의 부하들이 저희에게 세금을 요구합니다.' 그 분께서 말씀하셨다. '황제의 것은 황제에게 주고 하느님의 것은 하느님께 드려라. 그리고 내 것은 내게 달라'."에서도 확인할 수 있다. 한님성서연구소 편, 『신약외경, 상권: 복음서』, 송혜경 역주, (의정부: 한님성서연구소, 2009), 349.

에 대항 할 수 없는 상황을 인지하고, 그들은 헤롯 당원들과 함께 손을 잡고 예수를 올무에 걸리게 하려고 계획한다13절. 당시 바리새인들이 헤롯 당원들과 손을 잡고 연합하는 것은 드문 일이다. 그 이유는 바리새인들이 로마의 헤롯 왕가와 율법에 근거하지 않은 세금을 반대하였기 때문이다. 하지만 예수를 올무에 걸려 넘어지게 하는 일에 정치적으로 결탁하여 서로 자신들의 이익을 취하려는 목적이 있었기에 함께 손을 잡을 수 있었던 것이다.[18)]

정치적 계산속에서 연합한 두 집단이 예수를 궁지로 몰아넣기 위해서 먼저 그를 치켜세우며, "선생님이여 우리가 아노니 당신은 참되시고 아무도 꺼리는 일이 없으시니 이는 사람을 외모로 보지 않고 오직 진리로써 하나님의 도를 가르치심이니이다."14절라고 말한다. 그들의 말이 진실하여 예수께서 진리를 가르치시는 분으로 진정 이해했다면 아첨하는 말도 세금 문제도 질문하지 않았을 것이 분명하다. 당시 세금 문제는 로마 황제에게 바치는 '인두세' '트리부툼 카피티스', tributum capitis로 로마는 이 세금을 위하여 이스라엘 인구 조사를 실시했다참조. 눅 2:1-5.[19)] 이 세금은 이스라엘 백성들이 성전 유지를 위하여 바치는 성전세와 엄격하게 구별된다참조. 마 17:24-27; 요 2:13-22.

예수를 올무에 걸리게 하는 그들의 질문은 "가이사에게 세금을 바치는 것이 옳으니이까, 옳지 아니하니이까? 우리가 바치리이까, 말리이까?"14-15절이다. 이 질문은 쉽게 대답하기 어려운 질문이다. 만일 예수께서 세금을 바치라고 대답한다면 바리새인들과 멀어질 것이며, 세금을 바치지 말라고 한다면 헤롯 당원들과 멀어지고 로마에 반역하는 사람이 될 것이기 때문이다. 하지만 예수는 그들의 올무를 이미 알고 있었기에 그들을 향하여 "어찌하여 나를 시험하느

---

18) J. Gnilka, 『마르코 복음』 II, (서울: 한국신학연구소, 1986), 201-209; J.R. Edwards, *The Gospel according to Mark* (Grand Rapids: Eerdmans, 2002) 361-64를 참조하라.

19) D. Tuner, 『마태복음』 (서울: 부흥과개혁사, 2014), 682.

냐?"라고 질문하신다 15절. 예수께서 "시험"이란 단어를 사용하여 그들이 외식하는 자들이며 사탄의 무리임을 암시한다. 예수는 공생애를 시작하시면서 광야에서 사탄에게 처음 시험을 받으셨다참조. 마4:1-11.

예수께서 그들에게 답변하기 전에 당시 주화인 데나리온 하나를 가져다가 보여 달라고 요청하신다 16절. 그들이 데나리온을 가져오자 그것을 들고 그들에게 "이 형상과 이 글이 누구의 것이냐?" 16절라고 질문하신다. 당시 데나리온은 로마 주화로 은으로 만든 로마 동전인데, "한 쪽 면에는 티베리우스 두상이 '아우구스투스 티베리우스 카이사르, 신 아우구스투스의 아들' TI CAESAR DIVI AUG F AVGVSTVS이라는 라틴어 문장과 함께 있다. 반대쪽 면은 앉아있는 여인의 그림과 함께 '폰티프 막심' PONTIF MAXIM이라는 문장이 새겨져 있는데, 이것은 티베리우스를 로마 종교의 대제사장과 동일하게 간주하는 것이다."[20] 예수께서 그들에게 "이 형상과 이 글이 누구의 것이냐?" 16절라고 질문하신 것은 그들을 올바로 가르치시려는 의도였다.

그들이 예수의 질문에 "가이사의 것" 16절이라고 대답하자, 곧 바로 예수는 "가이사의 것은 가이사에게, 하나님의 것은 하나님께 바치라" 17절라고 답변하신다. 이 대답은 제한적이며 일시적인 권력에 대한 하나님의 통제권을 전제한 답변이다참조. 단 1:1-2; 2:21, 37-38. 이 대답은 한편 헤롯 당원들을 지지하는 것처럼 보인다. 다른 한편 바리세인들의 입장에서는 매우 분노할 수 있는 대답이다. 하지만 예수의 이 대답은 국가에 대한 의무와 하나님에 대한 의무를 구별하여 말씀하신 것이다. 이 대답은 로마 황제 티베리우스가 신의 존재가 아니며 대제사장도 아니라는 것을 암시한다. 더욱이 하나님의 것을 하나님께 바치라는 것은 정치적으로 전혀 문제가 될 것이 없고 율법도 가르치는 내용이다. 예수의 대

---

20) Tuner, 『마태복음』, 683, 각주 3; Edwards, Mark, 362-63를 참조하라.

답은 헤롯 당원들과 바리새인들을 모두 당혹스럽게 만들었다.

예수의 대답은 정부 권위에 대한 대답도 아니며, 종교와 정치의 영역이 구분된다는 기준을 제시한 것도 아니다. 예수께서 의도하신 것은 로마의 주화인 데나리온에 새겨진 티베리우스의 두상과 그 곁에 새겨진 문장이 잘못되었다는 것을 상기시키는 것이다. 더욱이 예수께서는 로마 황제가 하나님도 대제사장도 아니라는 사실과 로마의 신성모독적인 주화를 하나님의 성전에 바쳐서는 안 된다는 것을 가르치신 것이다. 결국 예수는 가이사에게 바치는 세금을 반대하였기에 바리새인들을 옹호한 것이지만, 그렇다고 헤롯 당원들을 지지한 것도 아니다.[21] 결국 정부에 권위를 주는 것은 하나님의 섭리이며, 그리스도인은 하나님을 불순종하는 것이 아니라면 정부에 순종해야 한다는 것을 가르치는 여러 성서본문 가운데 하나이다 참조. 요 19:11; 롬 13:1-7; 딤전 2:1-2; 벧전 2:13-17; 잠 8:15; 렘 27:5-11; 단 1:2; 2:21, 37-38.

요약하면, 마가복음 12:13-17에 등장하는 예수의 말씀, "가이사의 것은 가이사에게, 하나님의 것은 하나님께 바치라"17절는 것은 정교분리의 원칙을 제시하신 것이 아니다. 오히려 예수께서 로마 황제가 신이 아니라는 것을 드러내고, 하나님의 성전에 신성모독의 주화를 바칠 수 없다는 것을 가르치신 것이다.

3.2. 로마서 13:1-7

1각 사람은 위에 있는 권세들에게 복종하라 권세는 하나님으로부터 나지 않음이 없나니 모든 권세는 다 하나님께서 정하신 바라 2그러므로 권세를 거스르는 자는 하나님의 명을 거스름이니 거스르는 자들은 심판을 자취하리라 3다스리

---

21) Edwards, Mark, 364를 보라.

는 자들은 선한 일에 대하여 두려움이 되지 않고 악한 일에 대하여 되나니 네가 권세를 두려워하지 아니하려느냐 선을 행하라 그리하면 그에게 칭찬을 받으리라 4그는 하나님의 사역자가 되어 네게 선을 베푸는 자니라 그러나 네가 악을 행하거든 두려워하라 그가 공연히 칼을 가지지 아니하였으니 곧 하나님의 사역자가 되어 악을 행하는 자에게 진노하심을 따라 보응하는 자니라 5그러므로 복종하지 아니할 수 없으니 진노 때문에 할 것이 아니라 양심을 따라 할 것이라 6너희가 조세를 바치는 것도 이로 말미암음이라 그들이 하나님의 일꾼이 되어 바로 이 일에 항상 힘쓰느니라 7모든 자에게 줄 것을 주되 조세를 받을 자에게 조세를 바치고 관세를 받을 자에게 관세를 바치고 두려워할 자를 두려워하며 존경할 자를 존경하라

로마서의 이 단락은 종교와 정치의 문제에 등장하며 자주 오해되고 있는 본문이다. 오스카 쿨만O. Cullmann은 본문만큼이나 짧은 구절이 그렇게 많이 남용된 사례가 없다고 다음과 같이 지적한다. "그리스도인들이 예수의 복음을 따르려는 충성심에서 국가의 전체성에 관한 요구에 반대하자마자, 국가의 대표들이 신약성서를 안다면 바울의 말을 인용하는 것이 상례였다."[22] 이 본문과 관련하여 미야타 미쓰오는 "국가와 종교의 문제가 유럽 정치사상사의 배경을 형성한 가장 기본적인 좌표축"[23]이라고 이해하면서 이 주제와 관련해서 가장 큰 영향을 끼쳤다고 주장한다.

본문은 국가의 신학적 기원과 관련해서 오랫동안 성서의 근거로 제시되어 왔고, 민중의 조건 없는 복종에 대한 규범의 근거를 제시하는 것으로 해석되어

---

22) 미쓰오, 『국가와 종교』, 23에서 재인용
23) 미쓰오, 『국가와 종교』, 21.

왔다. 이 본문은 그리스도인들에게 전체주의 국가의 모든 범행을 받아들이고 협력하라고 명령하는 듯하다. 그래서 이 본문을 해석할 때 바울의 윤리적 권고나 경고로 보지 않고, 국가에 대한 신학적 근거를 부여하여 강조점을 뒤바꾸어 왔다. 하지만 본문을 올바로 이해하려면 당시의 사회적 정황과 함께 바울의 정확한 의도를 파악하는 것이 중요하다.

이 본문을 이해하기 위하여 로마서에서 이 본문이 속한 거대 문맥을 이해할 필요가 있다. 본문의 문맥은 로마서 12:1, "그러므로 형제들아 내가 하나님의 모든 자비하심으로 너희를 권하노니 너희 몸을 하나님이 기뻐하시는 거룩한 산 제물로 드리라 이는 너희가 드릴 영적 예배니라"의 가르침을 전제로 한다.

바울은 1절, "각 사람은 위에 있는 권세들에게 복종하라 권세는 하나님으로부터 나지 않음이 없나니 모든 권세는 다 하나님께서 정하신 바라"에서 모든 사람이 권세에 대하여 복종할 것을 요구한다. 그 이유는 세상의 모든 권세는 다 하나님께서 세워주신 것이기 때문이라는 것이다.[24] 바울은 본문에서 "권세, 권위" '엑수시아' ἐξουσία라는 헬라어 단어의 복수형 '엑수시아이스' ἐξουσίαις을 사용하고 있는데, 그 의미는 세상적인 의미로 지상의 임시성 안에서 이해할 수 있다.[25] 바울이 사용한 "권세"라는 용어는 당시 로마 제국에서 행정 담당자를 나타내는 단어였다. 이 단어는 로마 제국의 방대한 국가 조직의 다양한 관직을 의미하는 것으로 제도보다도 기관과 지위를 차지하는 구체적인 행정 담당자를 나타내는 용어였다.[26] 이런 점에서 바울이 사용한 "권세"는 종교와 도덕의 실체를 포함한

---

24) T.R. Schreiner, 『로마서』(서울: 부흥과개혁사, 2012), 803-805; 김동수, 『로마서 주석』(대전: 엘도론, 2013), 845를 보라.
25) BDAG, 352-53을 참조하라. Schreiner, 『로마서』, 803-804; 김동수, 『로마서 주석』, 846-47을 보라.
26) 803-805를 참조하라.

국가의 신성화를 의미하는 것이 전혀 아니다.

바울은 현실적으로 존재하는 국가권력의 기원과 정당성의 근거를 제시하는 것이 아니라, 당시 실제 행정 담당자의 권세를 하나님이 세우신 것으로 이해하라는 의미이다. 국가는 하나님의 뜻에 따라 세워진 것일지라도 그 자체가 신적인 것은 결코 아니다. 바울이 2절에서 "권위를 거역하면 하느님께서 세워주신 것을 거스르는 자가 되고"라고 표현한 것은 한층 더 복종을 강조하는 것처럼 보인다. 하지만 본문에서 "하나님께서 세워주신 것"은 "질서"order를 의미하는 것이 아니라 하나님에 의하여 "설정" 또는 "임명"ordinance된 것을 뜻한다. 그러므로 본문에서 사용된 "세워주신 것"디아타게, διαταγή은 실질적인 신정 질서를 의미하는 것이 아니라, 주권적인 하나님의 의지를 강조하는 것이다.[27]

바울이 사용한 하나님께서 "세워주신 것"은 "권세"의 경우와 반대로 로마 제국의 행정 전문 용어가 아니었다. 당시 "세워주신 것"과 유사한 로마 제국의 행정 전문 용어가 있었지만 바울은 그것과 구별하여 의도적으로 이 용어를 사용한다. 미쓰오는 그 이유를 "당시 로마 제국의 관직 위계질서와 하나님의 질서를 관련시킴으로써 지배자 신격화의 이데올로기에 말려들지 않으려는 바울의 주도면밀한 자세와 관련되었다."[28]고 이해한다. 국가는 고유한 종교적 존엄성을 갖지 않는 인간의 생활 형태다. 하나님께서 세우신 권위는 지상의 권위를 도구로 설정하는 창조자의 의지를 나타낸다. 하지만 인간의 구원은 국가권력이 해결해 줄 수 없다. 국가 권력이란 임시이며 세상에서 한계를 갖고 있다.

바울이 3절에서 선을 행하는 자는 국가 권력을 두려워할 필요가 없다고 할 때 국가의 임무와 과제를 간접적으로 암시하고 있다. 국가의 임무는 선한 일을

---

27) BDAG, 237을 보라.
28) 미쓰오, 『국가와 종교』, 33.

보호하고 장려하는 것으로 "선한 일"은 종교와 도덕의 기준에 따른 것이 아니라, 시민의 정의라는 관점에서 말하는 것이다. "선한 일"을 장려함과 함께 국가권력은 "악한 일"을 방지할 임무가 있다. 바울이 언급한 정치 지배자로부터 "칭찬"은 당시 로마 황제에게 충성스러운 정책을 수행한 제국의 여러 도시에 대하여 표창장이 수여된 역사적 관행을 암시한다. 선한 일을 하는 자를 칭찬하고 악한 일을 하는 자를 제재하는 것은 고대로부터 이미 일반적으로 승인된 정치 지배자의 전형적인 의무였다.

4절의 "하나님의 사역자일꾼" '떼우 디아코노스', θεοῦ διάκονός 나 6절의 "하나님의 일꾼들" '레이투르고이 떼우', λειτουργοί θεοῦ은 모두 종교적인 배경을 가진 단어다.[29] 하지만 이 단어가 의미하는 것은 결코 지배자나 행정가의 종교적 신성을 나타내지 않는다. 일꾼이나 심부름꾼은 독립된 권위가 아니라, 좀 더 높은 질서 아래에 존재한다. 바울은 임무의 수행을 위하여 정치가가 공연히 칼을 차고 있는 것이 아니라고 말한다. 칭찬에 대비되는 처벌을 위한 칼은 분명히 사법 권력을 상징한다. 바울이 언급한 칼은 물리적 강제력의 상징적 표현이어서 국가의 군사력이나 전쟁에 대한 정당화로 이해할 수 있다. 하지만 여기서 직접 사형의 정당화를 도출할 수는 없다.

국가 권력에 대한 그리스도인의 올바른 태도는 누구나 복종하는 것 밖에는 없다. 하지만 바울이 본문에 사용한 동사 "복종하다" '휘포타소', ὑποτάσσω는 결코 절대적 굴종이나 무비판적인 예속을 의미하지 않는다.[30] 로마서 13:1-7이 국가권력의 남용과 복종의 한계 등 갈등과 분쟁 상황을 언급하지 않은 것은 바울이 그 가능성을 인식하지 못했기 때문이 아니다참조. 행16:22; 고후6:5, 11. 바울에게 복

---

29) Schreiner, 『로마서』, 808-809를 참조하라.
30) Schreiner, 『로마서』, 806-807; 김동수, 『로마서 주석』, 848-49를 참조하라.

종의 한계가 있었다는 것은 바울이 로마에서 순교한 사실로써 증명된다. 이런 점에서 5절의 "양심'쉬네이데시스', συνείδησις을 위한 복종"에 주목해야 한다. 바울은 그리스도인이 국가 권력에 복종하는 것은 권력에 의한 처벌을 피하기 위한 것일 뿐 아니라, 양심을 위한 것이기도 하다는 교훈이다.

이런 점에서 바울은 단순히 표면적으로 합법적 행동으로서의 복종뿐만 아니라, 내면의 확신에서 우러나오는 자발적인 복종을 기대하는 것이다. 바울이 말한 양심은 그리스도인 각자에게 적용되는 기독교의 양심을 의미한다. 이 양심은 인간과 국가의 궁극적인 근거인 하나님의 의지를 아는 것에서 생겨난다. 그래서 그리스도인의 복종은 강압이나 불안에서 오는 것이 아니라, 신앙의 자유와 통찰에 근거한 책임 있는 행동이다. 이와 같은 그리스도인의 책임 있는 행동은 일상생활에서 이루어지는 것으로 "이성적 예배"롬 12:1와 다름이 아니다.

바울은 로마서 12:1-2의 문맥에서 그리스도인에게 납세와 같은 시민의 의무도 무의미한 이 세상의 일로 경시하지 않도록 권고할 수 있었다6절. 바울은 계속해서 그리스도인의 의무로 국세직접세와 관세간접세를 언급하고 다시 한 번 납세의 의무를 강조한다7절. 아마도 이런 사상은 예수께서 "가이사의 것은 가이사에게, 하나님의 것은 하나님께 바치라"막 12:17라고 말씀하신 것으로부터 배웠을 가능성이 크다.

바울은 마지막으로 7절에서 "모든 자에게 줄 것을 주되 조세를 받을 자에게 조세를 바치고 관세를 받을 자에게 관세를 바치고 두려워할 자를 두려워하며 존경할 자를 존경하라"고 권고한다. 바울은 마지막 권고 속에서 "존경할 자"정치 지배자를 존경해야 하지만 그들은 진실로 "두려워할 자"하나님가 아니라는 것을 분명히 가르친다. 바울은 정치 지배자들에 대하여 그리스도인들이 그들을 존경하고 복종해야 한다. 하지만 그들은 결코 두려움의 대상이 될 수 없음을 분명히 한다. 그리스도인들이 두려워해야 할 자는 오직 한 분이신 하나님뿐이시다.[31] 그래서 베드로와 사도들은 "사람보다 하나님께 순종하는 것이 마땅하니라."행 5:29고 하였다. 또한 예수께서도 제자들에게 "몸은 죽여도 영혼은 능히 죽이지 못하는 자들을 두려워하지 말고 오직 몸과 영혼을 능히 지옥에 멸하실 수 있는 이를 두려워하라."마10:28고 교훈하셨다.

    요약하면, 로마서 13:1-7은 바울이 당시 그리스도인들에게 로마 지배아래 있는 정치권력의 상황에 대하여 어떻게 행동해야 하는가를 가르치고 있다. 이것은 결코 국가와 정치권력에 대한 이론을 제시한 것이 아니다. 그래서 이 본문은 국가 질서에 대한 신학 근거로 간주되어 불의한 정부에 복종하게 하는 보편타당한 규범이 되도록 오용되어서는 안 된다. 본문은 세상의 모든 권위가 다 하나님께서 세워주신 것이라는 하나님의 통치를 드러내고 있을 뿐이다. 그래서 이 본문을 국가와 정치권력에 대하여 절대 복종해야 한다는 윤리의 명령으로 이해하여 오용되어서는 안 된다. 본문은 정당한 국가는 법과 정의를 세우기 위하여 봉사하지만, 인간의 구원을 목표로 삼지 않는다는 것을 가르친다. 또한 하나님의 것을 하나님께 돌리는 자유를 그리스도인에게 부여하는 것이 국가의 의무라는 것을 가르쳐 준다.

3.3. 베드로전서 2:13-17

13인간의 모든 제도를 주를 위하여 순종하되 혹은 위에 있는 왕이나 14혹은 그가 악행하는 자를 징벌하고 선행하는 자를 포상하기 위하여 보낸 총독에게 하라 15곧 선행으로 어리석은 사람들의 무식한 말을 막으시는 것이라 16너희는 자유가

---

31) Schreiner, 『로마서』, 808-811을 참조하라.

있으나 그 자유로 악을 가리는 데 쓰지 말고 오직 하나님의 종과 같이 하라 17뭇 사람을 공경하며 형제를 사랑하며 하나님을 두려워하며 왕을 존대하라

베드로전서의 이 본문은 로마서 13:1-7과 마찬가지로 그리스도인들에게 전체주의 국가의 모든 범행을 받아들이고 협력하라고 명령하는 듯하다. 이 본문도 당시 사회적 배경과 함께 전후 문맥 속에서 이해되어야 그 의미를 올바로 파악할 수 있다. 본문은 로마서 13:1-7과 동일한 사상과 내용을 중복해서 말하는 것처럼 보인다.

먼저 13절은 로마서 13:1의 내용 "각 사람은 위에 있는 권세들에게 복종하라 권세는 하나님으로부터 나지 않음이 없나니 모든 권세는 다 하나님께서 정하신 바라"를 거의 그대로 따르고 있다. "인간의 모든 제도"는 단순히 시민 정부만을 의미하지 않고 오히려 폭넓은 의미를 갖고 있다. 이런 점에서 주인과 종의 관계와 부부관계를 포함할 수 있다. 사도 베드로가 제시하는 사람들이 복종해야 할 이유는 주님을 위한 것이다. 베드로 사도는 복종해야 할 권위로 황제와 총독을 제시한다 13-14절. 베드로가 이 서신을 기록할 당시 로마의 황제는 네로Nero, CE 54-68 통치이다. [32]

14절에 등장하는 "총독" '헤게몬', ἡγεμών이란 단어는 신약성서에서 빌라도Pilate, 마 27:2와 휄릭스Felix, 행 23:24에게 사용되었다. 총독은 당시 로마 황제가 임명하여 파송하여 한 지역을 다스리게 한 사람임을 알려준다. 총독의 임무는 "악행하는 자를 징벌하고 선행하는 자를 포상하는" 것임을 알 수 있다. 베드로 사도는 15절에서 그리스도인들이 손가락질 받지 않도록 권고한다. 그래서 그리스

---

32) W. Grudem, *The First Epistle of Peter*: *An Introduction and Commentary* (Grand Rapids: Inter-Varsity Press, 1988), 35-37을 보라.

도인들의 선행을 강조하며, 그들의 "선행으로 어리석은 사람들의 무식한 말"을 막는 것이라고 한다. 베드로가 암시하는 그리스도인의 선행은 권위에 복종하는 것을 의미한다.

베드로 사도는 16절에서 "너희는 자유가 있으나 그 자유로 악을 가리는 데 쓰지 말고 오직 하나님의 종과 같이 하라"고 권고하면서 참 자유가 무엇인지 설명한다. 그것은 하나님의 뜻에 순종하는 것이다. 죄로부터 자유를 얻는 것과 함께 자유로 다른 사람에게 악을 행하지 말 것을 교훈한다. 그 이유는 그리스도인들이 하나님의 일꾼이기 때문이다.

마지막으로 17절에서 베드로 사도는 그리스도인들에게 모든 사람을 존경하라고 권면한다. 그 모든 사람들 가운데는 황제와 총독도 포함되어 있다. 그리스도인들이 형제들을 사랑하는 것을 명령하고 그보다 더 높은 의무를 부여하면서 하나님을 두려워하라고 교훈한다. 하나님을 두려워하는 것은 복종과 존경의 표현이다. 베드로 사도는 황제와 하나님을 분명하게 구별하여 권고하며, 황제는 다른 사람들과 동일한 사람으로 다만 황제의 지위를 얻은 것이라는 암시를 준다. 그래서 황제도 하나님을 두려워해야 한다는 것이 베드로 사도의 교훈이다.[33]

요약하면, 베드로 사도 역시 바울과 마찬가지로 권위에 대한 절대적인 복종을 교훈하면서도 로마 황제도 사람 가운데 하나임을 분명히 암시한다. 그러므로 로마 황제 역시 하나님을 두려워해야 한다는 교훈이다. 권위에 대한 복종의 조건은 주님을 위한 것임을 분명히 하면서 무조건적 복종을 요구하는 것이 아님을 가르친다. 이 본문 역시 정교분리나 국가와 정부에 대한 무조건적인 복종을 교훈하는 것으로 오용되지 않아야 한다.

---

33) Grudem, *First Epistle of Peter*, 118-23을 보라.

4. 그리스도인의 정치 참여의 실천적 내용

그리스도인의 정치 참여는 어떻게 가능한가? 당대의 정치를 지배하는 것은 경제적 쟁점들이다. 인플레이션, 연금, 주택, 민영화, 직업, 세금, 보건의료정책, 교육제도, 등이 정치적 논쟁의 핵심을 이루는 요소들이다. 국제적인 차원에서는 국제 무역과 수지 메카니즘, 상품의 가격, 인구와 식량문제, 등이다.[34] 이런 정치적 쟁점들과 관련하여 그리스도인이 어떻게 정치 참여를 할 수 있을 것인가? 앞에서 다룬 신약성서 본문들에서 암시되는 교훈을 중심으로 다음 몇 가지를 제안한다.[35]

첫째, 그리스도인의 정치 참여는 가장 먼저 세상 정치와 국가의 실체를 정확하게 파악하고 올바르게 인식하는 것이다. 세상의 모든 권위는 다 하나님께서 세워주신 것이지만, 그 권위는 이 세상에서 잠정적이며 한계가 있다. 세상권위가 하나님이 세우신 것이지만 그 자체가 신적인 것은 아니다. 특히 당시 최고 권력자로서 왕은 다른 모든 인간과 다를 바가 없다. 현실 정치에 있어서도 국가의 원수는 국민이 권력을 한시적으로 위임한 것이기에 신적 존재가 아니다.

둘째, 정당한 국가 권력에 대한 그리스도인의 의무와 복종은 마땅한 시민

---

[34] 하지만 그리스도인들 가운데 현실 정치 참여에 대하여 주저하거나 무관심한 경우가 많다. 더욱이 현실 정치 참여를 반대하는 주장들이 있다. 그 반대 주장들을 반박하고 왜 정치에 참여해야 하는지를 간략하게 다룬 다음 글을 보라. 김형원, "기독교인은 왜 정치에 참여해야 하는가?", 김근주 외 15인, 『정치하는 교회 투표하는 그리스도인』 (서울: 새물결플러스, 2012), 17-35. 김형원은 그의 글에서 현실 정치 참여를 반대하는 주장을 (1)두 왕국 이론, (2)복음전도, (3)예수와 제자들의 비정치 활동, (4)정치의 악한 본질, (5)비기독교인과 타협, 등으로 분류하여 대답한 후, 기독교인의 현실 정치 참여를 통한 책임을 강조한다.

[35] 김형원, 『정치하는 그리스도인』, 132-51에서 교회의 정치참여 문제를 다루고 있고, 162-214에서 그리스도인의 정치참여 문제를 다룬다. 제시된 대안으로는 (1)세상과 정치에 대한 공부, (2)사회적 약자를 돕기 위한 활동(사회적 봉사), (3)선거참여, (4)간접 정치참여, (5)직접 정치참여, (6)기독교윤리를 법으로 만드는 문제가 있다. 이 주제와 관련하여 J. Willis, 『부러진 십자가』 (서울: 아바서원, 2012)를 참조하라.

의 의무이다. 하지만 그리스도인이 국가권력에 복종하는 것은 무력의 사용이 두려워서가 아니라, 자발적인 양심에 의한 통찰 속에서 실천되어져야 한다. 법질서와 제도를 따라 납세의 의무를 다하는 것은 국가권력이 정당한 임무를 적절하게 수행할 때이다. 통치자들이 국민으로부터 선택받은 한시적인 하나님의 일꾼임을 망각하고 공적 이익이 아니라, 사적 이익을 위하여 일하거나, 특히 하나님을 섬기는 믿음의 일을 방해한다면, 그리스도인들은 순교를 각오하고 저항해야 한다. 공권력이 정의와 평화를 위하여 사용되지 않고, 모든 사람의 행복을 증진시키는데 사용되지 않는다면, 그리스도인들은 단호하게 저항해야 한다. 이것이 시민 불복종운동이다.[36] 그리스도인은 사람보다 하나님을 따르는 것이 마땅하기 때문이다. 행5:29

셋째, 그리스도인은 언제든지 하나님의 나라가 이 땅위에 실현되도록 비판적 통찰과 책임에 근거하여 예언자적 역할을 감당해야 한다. 그리스도인들이 모여 이룬 믿음의 공동체인 교회는 국가권력이 요구하는 복종에 대하여 언제나 비판적인 자세와 올바른 판단을 유지해야 한다. 그리스도인이 예언자의 역할로서 정치에 참여하려면 먼저 그리스도인의 모습을 잃지 않아야 할 것이다. 이것은 그리스도인의 정치 참여에서 수동적인 모습이면서 소극적인 역할이라 할 수 있다. 하지만 그리스도인이 성서에서 언급하고 있는 본질을 잃지 않고 유지하면서 세상의 소금과 빛의 역할을 감당한다면 이것은 가장 강력한 정치적 역할이 될 수 있다.

나가는 말

---

36) 시민불종은 납세를 거부하는 것으로부터 시작해서 모든 법령에 불복하고 항거하는 것으로 나타날 수 있다. C. Jungen, 『칼빈이 말하는 그리스도인의 사회참여』(서울: 실로암, 1989), 200-59를 참조하라.

지금까지 그리스도인의 정치 참여란 주제를 살펴보았다. 정치의 본질이 사회 정의를 실현하는 일이고, 사회 정의는 하나님이 가르치신 말씀 속에 담겨있는 하나님의 백성들이 따라야 할 교훈이다. 하나님 나라의 가치가 이 사회 속에 사랑과 정의를 구현하며 평등과 평화를 실천하는 것인데, 그 수단과 방법의 한 부분이 교회 공동체 뿐 아니라, 정치를 통해서 이루어질 수 있다. 정치가 사적 영역이 아니라 공적 영역에서 일어나는 일이라면, 교회 공동체는 공적 기관으로 하나님의 말씀을 헤아려 공정하게 정치의 역할을 공적으로 담당해야 한다.

그리스도인이 하나님 나라의 가치인 사랑과 정의, 평등과 화평을 이 땅에서 추구하는 것이라면, 교회 공동체에 속한 모든 개인은 세상 정치를 향하여 예언자적 목소리를 높이며 세상 정치에 적극적으로 행동해야 한다. 세상에서 완벽한 유토피아를 실현하는 것이 아니지만 최소한 사회 정의를 실천하고 모든 사람들이 행복하게 살 수 있는 정치를 하도록 그리스도인은 현실 정치에 적극 참여해야 한다. 그리스도인이 사회 정의를 실현하지 못하는 정부와 정치인들에게 양심의 목소리를 정직하게 내 뱉지 못하면 길가의 돌들이 소리 지를 것이다. 그리스도인은 길거리의 돌멩이 보다 못한 존재가 되지 않도록 고난을 감내할 각오 속에서 양심적인 저항의 목소리와 행동을 해야 한다.

하나님 나라의 가치 추구 가운데 최소한 사회 정의의 실현을 위하여 정치인들이 올바로 정치하도록 그리스도인은 현실 정치에 적극 참여해야 한다. 결국 정치 참여를 통해서 세상을 변화시킬 수 있기 때문이다. 사회정의 실현이란 "재화를 공정하게 분배하고 법과 질서를 합리적인 범위 안에서 유지하며 사회 구성원들 사이의 불평등과 차별을 줄이는 것"[37]을 의미한다. 오늘날 우리나라의 정치 현실 속에서 그리스도인이 정치에 적극적으로 참여하여 예언자적 목소리를

---

37) 김영명, 『정치를 보는 눈』, 49.

발하고 행동하지 않는다면 그 공동체인 교회는 생명을 담지하고 있는 것이 아니라 죽은 단체이며, 이 땅에서 빛을 잃은 등불이며 밟히는 소금이 될 것이다. 그리스도인이 현실 정치에 가장 적극적으로 참여하는 일은 선거에 참여하여 잘못된 정치를 심판하고, 정의로운 사회를 꿈꾸는 사람들을 향하여 자신의 의사를 분명히 밝히는 것이다.

분명한 것은 모든 것이 정치의 산물이지만 정치가 만능이 아님을 모든 그리스도들은 알고 있다. 하지만 한 개인의 정치적 무관심과 투표에 참여하지 않는 일로 말미암아 악한 정부가 탄생하지 않도록 최소한의 행동, 투표에 참여하여 우리가 사는 이 사회와 세상을 바꾸는 일은 적극적으로 참여해야 한다. 거대한 구조악과 무서운 정치 세력으로 말미암아 개인의 무력감이 극대화 되고 있는 세상이다.

3장

정교분리의 복잡한 역사:
한국의 보수적 개신교를 중심으로, 1945-2012

배덕만
기독연구원느헤미야 전임연구위원

정교분리의 복잡한 역사:
한국의 보수적 개신교를 중심으로, 1945-2012

배덕만

I. 글을 시작하며

    일반적으로, 보수적 개신교인들은 헌법에 명시된 정교분리의 원칙을 존중하여 정치참여를 자제해 온 것으로 평가되어 왔다. 특히, 군부통치시절, 그들은 이런 명분하에 진보진영의 반정부운동을 비판했고, 자신들의 교회 내에서 학생들의 정치활동을 억제했다.[1] 하지만 역사적 사실은 일반적 통념보다 훨씬 더 복잡하다. 그들이 주장했던 정교분리의 원칙은 시대와 상황에 따라 매우 상반된 의미를 가졌으며, 그 원칙에 근거한 행동도 시대와 상황에 따라 지속적으로 변했기 때문이다. 따라서 정교분리를 통한 개신교 보수진영과 국가의 관계를 획일적으로 규정하는 것은 가능하지도, 심지어 바람직하지도 않다. 현재, 한국의 개신교 보수진영이 직면한 다양한 갈등과 혼란의 배후에는 이 문제에 대

---

1) 목원대 김흥수 교수는 당시 상황을 다음과 같이 정리했다. "한편이 사회정의를 위해 싸우면서 교회의 정치비판을 선교의 과제로 간주했다면, 일부 교회 지도자들은 인권보다는 안정과 질서, 정의보다는 경제발전이 대중에게 더 중요하다고 보았고, 따라서 정치와 종교의 분리를 내세우면서도 독재정부와의 협력이나 정부 지지를 정상적인 일로 여겼다." 김흥수, "친일 전쟁 군사정권: 한국교회의 반성," 『기독교사상』 통권 제560호 (2005년 8월호), 48.

한 해석과 실천의 불일치가 어느 정도 기여하고 있음에 틀림없다.

그동안 이 주제에 대해 다양한 영역의 학자들이 학문적 관심을 보여 왔고, 그들에 의해 성취된 학문적 성과도 대단하다. 법학자들은 정교분리의 헌법적 의미와 적용의 역사를 지속적으로 탐색해 왔고,[2] 사회학자들은 한국사회의 변동과 정교분리의 상관관계를 다각도로 연구했다.[3] 교회사가들은 정교분리의 역사적 전개과정과 함께 신학적 배경에 주목했고,[4] 종교학자들은 정교분리를 보다 포괄적인 차원에서 고찰했다.[5] 기독교 내에서도 진보진영은 이 문제에 비판적으로 접근한 반면,[6] 보수진영은 변증적 입장에서 연구했다.[7] 한편, 이 주제를 국가의 역할에 주목하여 연구한 학자들이 있는가 하면,[8] 교회의 활동을 집중적으로 다룬 연구들도 있다.[9] 하지만 개신교 보수주의를 연구대상으로, 해방이후 현재까지를 연구범위로, 그리고 정교분리에 대한 보수교회의 태도변화

---

2) 최종고, "한국교회의 정교분리," 『기독교사상』 통권 제278호 (1981년 8월호): 39-50과 "한국에 있어서 종교자유의 법적 보장과정," 『교회사연구』 제3집 (1981): 73-111.

3) 강인철, 『한국의 개신교와 반공주의』 (서울: 중심, 2007); 노치준, "한국개신교와 국가권력 간의 관계," 『기독교사상』 통권 제640호 (2012년 4월호): 28-37.

4) 김명배, "복음주의 진영의 사회참여에 나타난 교회와 국가의 관계," 『선교와 신학』 제20집 (2007): 127-54; 김수찬, "미군정과 제1공화국 하에서 한국교회와 정교분리 원칙," 『역사신학논총』 제9집 (2005): 111-31; 이은선, "한국교회사의 관점에서 본 한국교회와 정치참여," 『한국개혁신학회논문집』 제13집 (2003년 4월): 76-97; 류대영, "1980년대 이후 보수교회 사회참여의 이론과 사례," 『한국근현대사와 기독교』 (서울: 푸른역사, 2009): 301-44.

5) 강돈구, "현대 한국의 종교, 정치 그리고 국가," 『종교연구』 제51집 (2008년 여름): 1-28; 안국진 유요한, "한국 내 종교갈등 및 종교차별 상황 극복을 위한 제언," 『종교와 문화』 제19호 (2010): 181-206.

6) 김진호, "한구교회의 '신앙적 식민성'이라는 문법-정치적 개입주의와 정교분리 신앙 사이에서," 『기독교사상』 통권 제587호 (2007년 11월): 67-77; 조성수, "한국에서의 교회와 국가와의 관계에 관한 연구," (연세대학교 박사학위논문, 2008).

7) 박명수, "다종교사회에서의 개신교와 국가권력," 『종교연구』 제54집 (2009년 봄): 1-37; 허명섭, 『해방 이후 한국 교회의 재형성』 (부천: 서울신학대학교출판부, 2009).

8) 강돈구, "현대 한국의 종교, 정치 그리고 국가," 『종교연구』 제51집 (2008년 여름): 1-28.

9) 조용훈, "정교분리원칙에서 본 최근 한국 개신교의 정치참여 문제," 『한국기독교신학논총』 제65집 (2009): 305-26.

를 연구목적으로 진행된 연구는 거의 없다.

　이제, 해방 이후 개신교 보수진영이 자신과 국가의 관계를 설정하는데 정교분리를 어떤 식으로 이해하고 활용했는지, 역으로, 그들과 국가의 복잡한 관계가 정교분리에 대한 그들의 이해에 어떤 영향을 끼쳤는지를 역사적으로 살펴보고자 한다. 이를 위해, 다음 장에선 정교분리에 대한 개념적 이해를 위해, 미국과 한국에서 전개된 정교분리의 법적 발전과정을 간략히 살펴볼 것이다. 이어서 해방이후 현재까지를 세 시기로 구분하여, 각 시기마다 정교분리가 어떤 의미와 방식으로 이해되고 적용되었는지를 살펴볼 것이다. 끝으로, 이런 내용들을 간략히 요약 정리하고, 개신교 보수진영의 내일을 위해 몇 가지 제안을 덧붙이고자 한다. 이를 통해, 한국교회 내에서 다양하게 사용된 '정교분리'란 개념의 복잡한 역사를 보다 명료하게 정리하고, 이와 관련된 학문적 현실적 문제들을 인지하며, 보다 나은 미래를 위해 보수적 개신교의 정직한 반성과 실천이 이어지길 기대한다.

II. 헌법과 정교분리

1. 미국과 정교분리

　기독교와 깊은 관계를 맺어 온 서양은 근대사회에 진입한 이후, 각자의 고유한 경험을 토대로, 국가와 종교의 관계를 법적 현실적으로 재구성했다. 영국과 스페인 같이 국교제도를 유지하며 종교적 관용책을 통해 종교의 자유를 보장하는 국가들이 있고, 독일과 이탈리아처럼 국교를 인정하지 않으면서 종교를 공법인으로 대우하는 국가들도 존재한다. 동시에, 미국과 프랑스 같은 국가들은 교회와 국가의 완전한 분리를 헌법으로 규정하고 있다. 하지만 미국과 프랑스의 경우, 정교분리의 내용에 중요한 차이가 있다. 미국의 경우, 종교로부터 국가를 분리시키는데 일차적 목적이 있다면, 프랑스의 경우, 국가로부터 종교를 분리시키려는 의도가 강하기 때문이다.10) 대다수의 사회주의 국가들도 프랑스와 비슷한 이유에서 정교분리를 법으로 규정하고 있다.11)

이런 다양한 형태의 국가와 종교의 관계 중, 한국에 가장 큰 영향을 끼친 모델은 미국의 경우다. 미국은 1776년에 독립을 선언하고, 1789년에 연방헌법을 제정했다. 이때, 제6조 제3항에 "합중국의 어떠한 관직 또는 신탁에 의한 공직에 있어서도 그 자격과 관련하여 종교상의 심사를 할 수 없다"고 규정했다.12) 2년이 지난 1891년, 총 10조로 구성된 권리장전을 마련하여 연방헌법을 수정했다. 이 수정헌법 제1조에서 "미국 의회는 종교를 국교로 정하거나, 자유로운 신앙행위를 금지하거나, 언론 또는 출판의 자유를 제한하거나, 인민이 평화롭게 집회할 수 있는 권리와 불만사항의 시정을 위해 정부에게 진정하는 권리를 제한하는 것에 대한 법률을 제정해서는 안 된다"13)라고 규정함으로써, 정교분리를 헌법으로 확정한 세계 최초의 국가가 되었다.

하지만 이 조항에 대한 해석은 용이하지 않았다. 이 조항에 대한 법적 해석을 둘러싸고 수많은 논쟁이 벌어졌고, 이전의 판결을 뒤집는 새로운 판결들이

---

10) 정교분리에 대한 프랑스와 미국 사이의 미묘하지만 중요한 차이점에 대해서는 T. Jeremy Gunn, "Under God but Not the Scarf: The Founding Myths of Religious Freedom in the United States and Laïcité in France," *Journal of Church and State* 46 no 1 (Winter 2004): 7-24 참조.

11) 조용훈, "정교분리원칙에서 본 최근 한국 개신교의 정치참여 문제," 313; 박수호, "종교정책을 통해 본 국가-종교간 관계: 한국 불교를 중심으로,"『한국학논집』제39집 (2009), 465; 강휘원, "미국 종교의 자유 성립과 '보이지 않는 국교',"『현상과 인식』(2006년 가을), 45.

12) 강휘원, "미국 종교의 자유 성립과 '보이지 않는 국교'," 41.

13) "Congress shall make no law respecting an establishment of religion, or prohibiting the free exercise thereof; or abridging the freedom of speech, or of the press; or the right of the people peaceably to assemble, and to petition the Government for a redress of grievances." (http://en.wikipedia.org/wiki/United_States_Bill_of_Rights#Amendments).

계속 이어졌으며, 무엇보다 오랫동안 이 연방헌법이 주정부들에 의해 수용되지 않았기 때문이다. 이 조항이 주정부에 최초로 적용된 것은 1947년 *Everson v. Board of Education* 사례에서 수정헌법 제14조를 통해 이루어졌으며,[14] 이후로 정교분리에 대한 법적 신학적 논쟁이 더욱 치열하고 복잡하게 진행되었다.[15] 지규철은 수정헌법 제1조의 의미와 다양한 해석들을 다음과 같이 정리하고 있다.

> 미국헌법 수정 제1조에는 정교분리의 원칙, 즉 국교금지조항이 규정되어 있다. 이것은 정부나 법원이 교회재산과 종교내부의 종파분쟁에 간섭하여서는 안되고, 종교의 자유를 보장하여야 한다는 것을 말한다. 동시에 국가의 종교적 중립성을 확보하고 교회와 국가의 모든 형태의 결합을 금지하는 것이다. 국가가 재정적 원조를 하거나 종교활동에 호의적으로 관여하는 것은 허용되지 않으며, 미연방판례에 의하면 ① 법령이 비종교적 목적을 가지고 ② 법령의 제1차적 효과가 종교를 금지 또는 촉진해서는 안 되며, ③ 국가와 종교의 과도한 대립을 초래해서는 안 된다고 한다.

> 국가와 종교의 '분리'라는 개념에 대하여는 ⁱ비유에 지나지 않는 비헌법적 개념이라는 견해, ⁱⁱ완전한 분리는 절대적인 의미로는 불가능하다는 견해, ⁱⁱⁱ분리는

---

[14] 연방수정헌법 제14조는 1868년에 비준되었으며, 이 조항에 의하면 "모든 주는 어떤 사람에 대해서도 '적법절차에 의하지 않고서는 생명 자유 재산'을 부정하거나 '그 관할 내에 있는 어떠한 사람에 대하여도 법의 평등한 보호를 거부'할 수 없다. 연방대법원이 내린 해석은 이 두 조항의 의미를 보다 증대시켰다. 수정헌법 제14조의 적법절차조항은 수정헌법 제1조가 연방정부에 의한 침해로부터 보호하고 있는 종교 및 언론 출판의 자유를 포괄하는 것이라는 판결이 내려졌다. 그와 유사하게 공평한 법관 및 변호인의 조력에 대한 피고인의 권리와 같은 공정한 재판에 대한 일정한 보장들도 사법절차를 거쳐 수정헌법 제14조의 범위 내로 흡수되어 들어왔다." "미국연방헌법"(http://100.daum.net/encyclopedia/view.do?docid=b08m1308a).

[15] 지규철, "정교분리의 해석과 적용기준: 미국의 국교금지조항을 중심으로," 『한일법학연구』 제9권 (1990): 69-121.

관계의 존재를 나타내는 말로 관계가 없다는 것을 나타내는 것이 아니다라는 등 여러 견해가 있다. 정부의 종교적 '중립'이란 개념도 종파종교 사이의 중립이냐, 종교 비종교 사이의 중립이냐가 문제되고, 모든 종교에 대한 공평한 지원의 금지뿐만 아니라, 특정 종교의 우대나 냉대를 모두 금지한다는 주장이 있다.[16]

이처럼, 정교분리에 대한 다양한 입장들을 강휘원은 분리의 정도에 따라, ①엄격 분리설 ②수용설 ③중립설로 분류했다. 엄격 분리설은 "정부와 종교는 최대한으로 분리되어야 한다고 주장한다. 즉, 정부는 가능한 한 세속적이고, 종교는 완전히 사적인 사회 영역에 머물러야 한다"는 것이다. 수용설은 "사회에서의 종교의 중요성을 인정하고 정부도 이를 수용할 것을 주장"한다. 끝으로 중립설은 "정부가 종교에 대해 중립적이어야 하므로, 정부는 세속 기관에 비해 종교 기관을, 또는 특정 종교를 다른 종교에 비해 더 편애해서는 안 된다"고 주장하는데, 이 이론은 "역사적 근거에 의한 것이 아니라, 엄격 분리설이 미국 역사의 종교적 전통과 관행을 무시할 수 있는 문제를 내포하고 있고, 수용설이 종교적 소수파나 비종교인을 무시하는 프로그램을 지지할 수 있는 문제가 있으므로 이를 극복하기 위해 제안되었다."[17] 결국, 연방 수정헌법 제1조에 대한 다양한 해석이 존재한다. 정교분리가 절대적인 것이 아니라 상대적이며, 시대와 상황에 따라 법적 판결도 달라졌다. 그 결과, 미국에서도 이 문제로 인한 갈등과 논쟁이 끊이지 않고 있다.

2) 한국과 정교분리

---

16) Ibid, 69-70.
17) 강휘원, "미국 종교의 자유 성립과 '보이지 않는 국교'," 43-4.

오랫동안 불교와 유교가 국교로 기능했던 한국사회에서 정교분리는 생각할 수 없는 사상이었다. 이런 상황에서 정교분리사상은 기독교의 전래를 통해 이 땅에 소개되었다.[18] 이에 대한 최초의 기록은 병인박해1866와 병인양요로 갈등관계에 있던 조선과 프랑스 사이에 체결된 '조불수호통상조약' 1886년이다. 이 조약에 "한불양국이 상대국에서 '교회'敎誨할 수 있다고 규정함으로써, 한국에 처음으로 선교의 자유가 보장"된 것이다.[19] 1888년에 이르면 한국인에 의해 종교의 자유를 보장해야 한다는 주장이 제기되기 시작했다. 박영효는 국왕에게 올린 상소문에서 "종교란 국민이 자유로이 신봉하도록 맡겨 두어야 하는 것이며, 정부가 간섭하는 것은 불가합니다. 자고로부터 종교의 쟁론이 있으면 인심이 동요하고, 나라를 망하고, 목숨을 다치는 일이 수를 헤아릴 수 없으니 명심할 일입니다"라고 정교분리를 권유했던 것이다.[20]

20세기의 시작과 함께, 조선에서는 미국을 중심으로 한 개신교 선교가 본격적으로 진행되었고, 일제의 침략과 수탈도 제도화되기 시작했다. 동시에, 선교사와 일제에 의해 정교분리사상이 한국사회에 전달 확산되기 시작했다. 1901년 9월, 선교사들의 주도 하에, '조선예수교장로교공의회'에서 결의한 '교회와 정부 사이에 교제할 몇 가지 조건'은 향후 정교분리에 대한 한국교회의 의식과 행동에 결정적 영향을 끼치게 되었다.[21] 한편, 을사조약1905체결 후 초대

---

18) 이 부분은 최종고의 "한국교회와 정교분리"와 "한국에 있어서 종교자유의 법적 보장과정"의 도움을 크게 받았다.
19) 최종고, "한국교회와 정교분리," 43. '교회(敎誨)'는 "나쁜 짓을 한 사람을 잘 가르치고 타일러 지난날의 잘못을 뉘우치게 함"이란 뜻이다.
20) Ibid., 44.
21) 그 조건들은 총 5가지였고, 두 번째 조건에서 "대한국과 우리나라들과 서로 약조가 있는데, 그 약조대로 정사를 받으되 교회일과 나라일은 같은 일이 아니라 또 우리가 교우를 가르치기를 교회가 나라 일 보는 회가 아니오, 또한 나라 일은 간섭할 것도 아니오"라고 정교분리를 명시했다. 여기서 정교분리는 교회의 정치참여 배제란 의미로 사용되었다. 『그리스도신문』 제5권 40호(1901. 10. 3). Ibid., 46에서 재인용.

통감으로 부임한 이등박문은 선교사들과 만난 자리에서, 한국의 정치적 교화는 자기가 맡을 테니, 한국의 정신적 교화는 선교사들에게 위임한다고 발언했다. 이것은 종교의 자유를 보장하려는 목적보다, 교회의 정치참여를 배제하려는 정치적 의도가 숨겨진 발언이었다.[22]

하지만 근대적 의미의 정교분리가 헌법에 명시되기 시작한 것은 1919년 4월 11일로, 상해에서 발표된 대한민국 임시정부의 '임시헌장' 제4조였다. "대한민국의 인민은 신교, 언론, 저작, 출판, 결사, 집회, 신서, 주소, 이전 신체 급 소유의 자유를 향유함"이란 조항 속에, 종교의 자유가 다른 자유들과 함께 포함된 것이다. 이런 헌법적 표현은 1948년 7월 17일에 선포된 제헌헌법 제12조에서 보다 온전한 형태를 갖추게 되었다. "모든 인민은 신앙과 양심의 자유를 갖는다. 국교는 존재하지 않으며 종교는 정치로부터 분리된다."[23] 이로써, 대한민국도 미국 수정헌법 제1조와 매우 유사한 형태의 헌법조항을 갖추게 되었다. 이 제헌헌법의 이론적 초석을 놓은 유진오 박사는 이 조항의 의미에 대해 다음과 같이 해설했다.

> 신앙의 자유는 종교적 행위의 자유와 종교적 결사의 자유를 포함하고 있으며, 단 특정의 종교에 대한 신앙 또는 불신앙을 외부에 표명하는 자유와 신앙여하 또는 불신앙에 의하여 법률상의 불이익을 받지 않는 권리를 포함하고 있다. 신앙 또는 불신앙을 공무에 취임하는 요건으로 하며 또 취학 의무를 인정한 학교에서 종교적 교육을 실시하는 것 같은 것은 본조에 위반하는 것이다. 이곳에 주의를 요하는 것은 본조의 신앙의 자유는 양심의 자유와 함께 법률로써 하더라

---

22) 백낙준, 『한국개신교회사』(서울: 연세대학교출판부, 1973, 2010), 434.
23) 『조선일보』(1948년 6월 19일).

도 제한할 수 없는 절대적 자유로 되어 있는데—이것은 다른 자유가 제14조의 학문의 자유를 제외하고는 대개 법률로 제한할 수 있는 것으로 되어 있는 것과 상이한 점이다—그것은 결코 미신의 자유를 인정한 것이 아니며, 또 종교를 빙자하여 행하는 범죄행위를 방임한다는 것은 아니다...종교와 정치의 분리 문제는 현재에 있어서는 그다지 중요성이 없는 것 같으나 역사상으로 볼 때에는 구미각지에서 종교와 정치의 관계가 너무 밀착하여 여러 가지 폐해를 야기하고 때로는 유혈의 참극을 일으킨 적도 없지 않았으며 우리나라에 있어서도 고려시대에 불교가, 이조 시대에 유교가 국교와 같은 대우를 받았으므로 금후 그와 같은 폐해를 방지하기 위하여 주의적으로 본조에서 국교는 장래 두지 아니하며 종교는 정치로부터 분리하는 것을 명시한 것이다.[24]

이처럼, 제헌헌법에서 정교분리를 성문화하면서, 종교자유를 미신과 범죄인 경우를 제외하고 법으로도 제한할 수 없는 절대적 자유로 규정했다. 국가와 종교가 부적절한 관계를 맺지 못하도록, 양자의 절대적 분리를 천명한 것이다. 하지만 4 19혁명 직후에 있었던 제3차 헌법개정1960년 6월 15일에서, 중요한 변화가 발생했다. 즉, 종교자유와 국교금지를 핵심으로 하는 정교분리 조항은 그대로 유지되었으나, 제28조에 중요한 단서조항을 삽입함으로써 정교분리가 상대적으로 해석될 여지를 남긴 것이다. 제28조는 다음과 같다.

국민의 모든 자유와 권리는 헌법에 열거되지 아니한 이유로서 경시되지 아니한다. 국민의 모든 자유와 권리는 질서유지와 공공복리를 위하여 필요한 경우에

---

24) 유진오, 『憲法解義』(서울: 명세당, 1949), 40. 최종고, "한국교회와 정교분리," 48-9에서 재인용.

한하여 법률로서 제한할 수 있다. 단 그 제한은 자유와 권리의 본질적인 내용을 훼손하여서는 아니되며, 언론 출판에 대한 허가를 규정할 수 없다.[25]

2012년 현재, 대한민국 헌법 제20조는 "① 모든 국민은 종교의 자유를 가진다. ② 국교는 인정하지 아니하며, 종교와 정치는 분리한다"라고 규정되어 있고, 헌법 제37조 제2항은 "국민의 모든 자유와 권리는 국가안정보장 질서유지 또는 공공복리를 위하여 필요한 경우에 한하여 법률로써 제한할 수 있으며, 제한하는 경우에도 자유와 권리의 본질적 내용을 침해할 수 없다"라는 단서조항을 삽입함으로써, 정교분리가 상대적 개념임을 명시하고 있다.[26]

현재, 이런 헌법조항에 대한 개신교인들의 이해는 다양하다. 정교분리를 교회의 정치참여 금지로 이해하는 사람들,[27] 국가의 종교 간섭을 배제하는 것으로 주장하는 사람들,[28] 혹은 양자 간의 월권행위 금지로 해석하는 사람들[29]

---

25) 최종고, "한국에 있어서 종교자유의 법적 보장과정," 105.

26) 이에 대해, 안국진과 유요한은 종교학적 관점에서 다음과 같이 해석했다. "따라서 절대적인 기본권이라 할 수 있는 개인의 내면적 신앙의 자유는 보장하되, 종교적 행위가 외부로 표출되는 종교적 실행의 자유는 종교적 자유의 본질적인 내용을 침해하지 않는 수준에서 종교적 자유를 제한함으로써 얻어지는 공공의 이익과의 객관적인 비교를 통해 고려되어야 한다." 안국진 유요한, "한국 내 종교갈등 및 종교차별 상황 극복을 위한 제언," 193.

27) 우파 기독교의 정치참여를 주도하고 있는 전광훈 목사는 2011년 8월 30일 양수리수양관에서 열린 '기독교지도자포럼'에서 다음과 같은 발언을 했다. "정교분리의 원칙? 그것이 누구 입에서 나온 소리인지 알고 있는가. 과거 일본이 한국교회가 독립운동을 못 하게 하려고 써먹은 논리다. 정교분리는 옳지 않다. 교회는 적극적으로 정치참여를 해야 한다." 백정훈, "전광훈 목사, 대형교회 목사들 겁박- '좌파 눈치 보며 몸 사리는 목회자들, 가만두지 않겠다'." 『뉴스앤조이』(2011. 08. 31) (http://www.newsnjoy.or.kr/news/articleView.html?idxno=35672).

28) 개혁적 성향의 젊은 목회자들 모임인 '교회2.0목회자운동'은 2011년 9월 8일에 발표한 한 성명서에서 "정교분리는 정치가 종교의 자유를 간섭할 수 없고 특정 종교를 국교화하는 것이 부당하다는 의미입니다"라고 선언했다. 백정훈, "김삼환 목사, 기독당 창당 불참-교회 2.0 목회자운동은 반대 성명," 『뉴스앤조이』(2011. 09. 08)(http://www.newsnjoy.or.kr/news/articleView.html?idxno=35749).

29) 새벽이슬 대표 이은창 간사는 2005년 10월 4일 높은뜻숭의교회에서 진행된 '개혁과부흥아카데미'에서 정교분리의 의미를 다음과 같이 설명했다. "실제로 정교분리라고 하는 것은 중세시기 교

이 공존하고 있기 때문이다. 이처럼, 정교분리에 대한 이해의 편차는 해방 이후 현재까지 한국사회에서 정교분리가 정교유착 혹은 정교갈등의 명분으로 사용되어 왔던 혼란스런 역사의 부정적 흔적이다.

III. 보수적 개신교와 정교분리

1. 1945-1960

(1) 분단 군정과 개신교

해방은 한국사회의 총체적 변혁을 초래했다. 분단과 군정을 통해, 한국은 냉전체제에 편입되었다. 북에선 소련의 점령과 김일성 정권의 형성과정에서 교회와 국가 간의 이념적 경제적 갈등관계가 형성되었다. 결국, 해방공간에서 상당수의 기독교인들이 월남함으로써, 북한교회는 급격히 붕괴되고, 남한에선 기독교인들의 수가 급증했다. 동시에, 냉전체제 속에 실시된 미군정의 강력한 반공정책과 기독교우호정책을 통해, 교회와 정부 간의 밀월관계가 형성되었고, 반공이 핵심적 정치이념으로 부상했다. 당시, 한국교회는 교파 간에, 심지어 동일교파 내에 신학적 갈등과 차이가 존재했지만, 반공과 친미라는 측면에서 일관되게 공통된 입장을 견지했다. 이런 상황에서, 교회지도자들은 신자들의 적극적 정치참여를 독려하고, 수많은 개신교인들이 다양한 방식으로 군정에 참여했다. 개신교는 군정으로부터 특혜적 지원을 받았으며, 사회적 위상과 영

황이 정치에 관여하고, 국왕이 교회에 관여함으로써 발생하는 수많은 문제들을 막기 위해 마련되었다. 즉, 정교분리는 교회의 정치에 대한 무관심에 대한 근거가 아닌 교회의 무분별한 정치개입을 막기 위한 것이다." 임왕성, "기독교적 정치운동은 확실한 선교운동이다-이은창 간사, '개혁과부흥아카데미' 강의에서 제시,"『뉴스앤조이』(2005. 10. 04) (http://www.newsnjoy.or.kr/news/articleView.html?idxno=13428).

향력이 빠르게 상승했다. 당시에, 개신교인의 수는 전체 인구 중 3%에 불과했지만, 개신교의 현실적 영향력은 막강했다.30)

먼저, 남한 개신교를 장악한 북한출신 목회자들은 해방공간에서 개신교인들의 적극적인 정치참여를 촉구했다. 북한교회는 해방 직후 신속하게 기독교정당을 창당함으로써, 적극적으로 정치참여를 시도한 경험이 있었다.31) 비록, 그런 시도들이 공산정권과의 갈등 속에서 실패했지만, 미군정의 친기독교적 환경 속에서 자신들의 정치적 의지를 구현할 기회를 포착한 것이다. 이런 입장은 당시 북한출신 신자들로 구성된 베다니교회^현영락교회의 한경직 목사를 통해 확인할 수 있다. 1946년에 행한 "기독교와 정치"라는 제목의 설교에서, 한경직 목사는 기독교인들의 적극적인 정치참여를 역설했다.

> 오늘의 기독교인은 잠잠합니다. 최선의 정치 이념이 우리에게 있음에도 불구하고 왜 이다지도 퇴영적입니까? 좀 더 주도성을 가집시다. 십자가를 지고서 노동운동도 좋고, 정치운동도 좋습니다. 전후에 있어서 각국에는 기독교 민주당이 일어나 주도성을 가지고 활발히 움직이는 것을 보세요. 일어나 일하세요.32)

남한 개신교인들은 군정의 핵심적 지위들을 장악함으로써, 군정기간 동안 막대한 영향력을 행사했다. 군정과 개신교의 밀월관계는 미군정의 다양한 역할

---

30) 허명섭, 『해방 이후, 한국교회의 재형성, 1945-1960』 (부천: 서울신학대학교출판부, 2009), 103.
31) Ibid., 80-89.
32) 한경직, "기독교와 정치," 『한경직 목사 설교전집』 1권 (서울: 대한예수교장로회 총회교육국, 1971), 27.

수행참모, 고문, 통역, 군목 등을 위해 내한한 선교사들에 의해 시작되었다.33) 예를 들어, 하지 장군의 보좌관 및 통역관으로 입국한 조지 윌리엄스George Z. Williams는 공주지역에서 활동했던 프랭크 윌리엄스Frank E. C. Williams의 아들로서, 미군정의 인사문제에 깊이 개입했다. 그들은 반공사상과 영어실력을 갖춘 보수적 개신교인들을 적극적으로 추천하여, 그들이 군정의 요직에 진출할 수 있도록 도왔다. 구체적으로, 1945년 9월 미군정의 자문기구로 구성된 조선교육위원회의 위원 12명 중 7명이 개신교인이었고,34) 1945년 12월 미군정에 참여했던 한국인 국장 9명 중 확인된 개신교인들의 수만 6명이었다.35) 이것은 당시 개신교 인구가 3%였다는 상황을 고려할 때, 개신교의 정치적 참여와 영향력이 얼마나 거대했는지를 단적으로 보여준다.

개신교와 군정 간의 정치적 친화성은 개신교에 대한 군정의 종교적 특혜로 귀결되었다. 이 부분에서 가장 주목할 것은 적산처리 과정에서 개신교가 누린 막대한 혜택이다. 신사와 천리교 건물들이 개신교 예배당으로 불하되었는데, 천주교와 불교에 비해 개신교가 압도적으로 큰 혜택을 누렸다. 당시, 서울지역 적산처리 최고 책임자가 평양 장로회신학교 교수와 한국기독교연합회 총무를 역임한 남궁혁 목사였다는 사실에서, 우리는 그런 혜택의 배경과 의미를 확인할 수 있다.36) 뿐만 아니라, 불교와 유교가 군정당국과 이념적 갈등 속에 법적 차별과 경제적 손실을 경험하는 동안, 개신교는 다양한 선교영역에서 군정의 특별한 지원을 받았다. 허명섭의 다음 글은 당시 상황을 단적으로 보여준다.

---

33) 1947년 8월 30일 현재, 한국에 입국한 선교사들의 수는 총 109명이었다. 허명섭, 『해방 이후, 한국교회의 재형성, 1945-1960』, 149.
34) Ibid., 157.
35) Ibid., 154.
36)) Ibid., 133.

이상의 것을 통해 미군정은 좌익성향의 종교단체에 대해서는 법적 장치를 통해 규제하려고 했음을 알 수 있다. 따라서 유교나 불교에 대한 통제가 종교적인 차원이 아니라 이념적인 차원에서 행해졌다고 할 것이다. 이는 공산주의의 팽창 억제와 자유민주주의 체제의 수립이라는 정책수행의 과정에서 비롯된 결과로 여겨진다. 이런한 맥락에서 미군정은 기독교에 대해 대체로 우호적이었다. 그 결과, 한국교회는 미군정 하에서 방송선교, 형목제도 실시, 주일총선거일 변경, 주일의 공휴일 지정 등과 같은 혜택을 누릴 수 있었다.[37]

(2) 건국 한국전쟁과 개신교

해방과 군정을 통해 형성된 반공과 친미 이데올로기는 교회와 군정의 밀월관계를 형성·강화시켰다. 이런 상황에서 개신교는 양적·정치적으로 성장했고, 한국사회의 중심부로 진출했다. 개신교는 국가를 지탱하는 중요한 이념적·제도적 후원세력으로 자리매김했으며, 정부는 개신교의 든든한 정치적 배경이 되었다. 이런 교회와 국가의 우호적 관계는 건국과 한국전쟁을 통과하면서 더욱 견고해졌다. 감리교 장로였던 이승만과 개신교는 이념적·종교적 동질성을 유지했다. 특히, 한국전쟁이란 절체절명의 위기를 함께 통과하면서 그 동질성은 운명적 차원으로 격상되었다. 하지만 전쟁 후, 천도교의 영향 속에 이승

---

[37]) Ibid, 123. 서울신대 박명수 교수는 미군정이 개신교에 우호적이었던 것은 종교적 이유보다는 정치적이었다고 주장했다. "해방 이후 한국 개신교가 미 군정에 의해서 비교적 호의적인 대우를 받게 된 것은 해방 이후 미 군정과 대한민국이 나아가려고 하는 방향과 개신교의 방향이 일치했기 때문이다. 군정은 이 땅에 자유민주주의를 실시하려 했고, 가장 적극적으로 대응했던 것이 개신교다. 개신교는 무엇보다 공산주의를 반대했고, 자유민주주의를 이해했다." 박명수, "'개신교 국가' 미 군정, 과연 불교를 홀대했나," 『크리스천투데이』(2009. 11. 03)(http://www.christiantoday.co.kr/view.htm?id=205084). 반면, 중앙승가대 불교사회과학연구소 박수호 연구위원은 "명목상 정교분리와 종교의 자유가 보장되어 있음에도 불구하고 실제로는 정치권력이 종교를 통제하는 파행적인 종교정책이 지속되는 결과를 초래하였다"고 군정의 종교정책을 비판했다. 박수호, "종교정책을 통해 본 국가-종교간 관계: 한국 불교를 중심으로," 469.

만 정권의 종교정책과 교회 간의 불협화음이 부분적으로 발생하기 시작했고, 자유당 정권의 실정 속에 양자 간의 견고했던 유착관계가 흔들리기 시작했다.

무엇보다, 이승만은 대한민국에 기독교적 정체성을 주입하기 위해 노력했고, 이것은 이승만 정부와 개신교 간의 유착관계를 강화시켰다. 독실한 기독교 신자인 이승만은 한국을 기독교국가로 만들고 싶었다.[38] 제헌국회에서 임시의장 이승만은 식순과 상관없이 이윤영 목사에게 기도를 부탁했다. "이 사건은 한국교회와 제1공화국 간의 우호적인 유대관계를 예고하는 하나의 청신호였다."[39] 이후, 이승만은 개신교의 요구에 따라, 1948년에 국기배례를 주목례로 바꾸었고, 1949년에는 성탄절을 공휴일로 정했으며, 1951년에는 군종제도를, 1954년에는 경목제도를 도입함으로써 개신교의 전도활동 및 교세확장에 큰 도움을 주었다.[40] 무엇보다, 전쟁 복구기간 동안, 미국원조물자배분을 개신교가 거의 독점함으로써 교회의 사회적 위상과 영향력이 크게 고조되었다. 이처럼, 이승만은 다양한 방식으로 개신교의 성장에 도움을 주었고, 이에 대해 개신교는 이승만을 향해 무한한 애정과 적극적 지원을 아끼지 않았다. 그것은 이승만의 선거운동에서 개신교 진영이 맹목적 지지를 선언하고, 적극적으로 선거운동에 참여한 것으로 구체화되었다. 1952년 제2대 대통령 선거 때에는 한국교회 내에 이승만·함태영 후보를 위한 '한국기독교선거대책위'가 조직되어 활동했고, 1954년 민의원선거와 1960년 정부통령선거3.15부정선거에서도 친정부적 선거운동을 노골적으로 전개했다.[41] 결국, 4.19혁명으로 이승만 정권이 붕괴될 때

---

[38] "이승만은 청년시절부터 기독교 국가의 비전을 가지고 있던 인물이었다." 김흥수, "교회와 국가, 한국기독교의 경험," 『기독교사상』 통권 제640호 (2012년 4월호), 22; 유영익, "이승만과 한국의 기독교," 『성결교회와 신학』 제13호 (2005년 봄):10-35 참조.

[39] 허명섭, 『해방 이후, 한국교회의 재형성, 1945-1960』, 243.

[40] 노치준, "한국개신교와 국가권력 간의 관계," 『기독교사상』 통권 제640호 (2012년 4월호), 34.

[41] 김권정, "한국교회와 정치참여," 『복음과 상황』 200호 (2007. 5).

까지, 양자 간의 유착관계는 지속되었다.[42]

제1공화국 치하에서 교회와 국가의 관계는 한국전쟁을 함께 겪으며 절정에 이르렀다. 반공과 친미라는 국가이데올로기, 기독교라는 종교적 교집합을 공유했던 이승만 정권과 개신교는 북한과의 전쟁을 치르면서 서로가 운명공동체임을 절감했다. 이승만이 북진통일을 외치며 전쟁을 진두지휘할 때, 개신교 진영은 다양한 조직과 프로그램으로 전쟁에 참여하며 정권에 힘을 더했다. 전쟁기간 동안, 개신교는 '대한기독교구국회' 1950와 '기독교연합 전시비상대책위원회' 1951 등을 조직하여, 선무, 구호, 방송 등의 활동과 함께 지원병 모집에도 관여했고, 미국대통령, 유엔사무총장, 맥아더 사령관에게 편지를 보내기도 했다. 특히, 이 시기에 개신교는 공산주의를 악마로 규정함으로써, "반공주의의 종교화" 현상이 극단적으로 진행되었다.[43]

하지만 이승만과 개신교의 유착관계가 영구적이거나 일관된 것은 아니었다. 특히, 1958년 선거를 기점으로, 특히 3.15 부정선거를 거치면서, 개신교 내부에서 자유당 정부에 대한 강한 비판과 정교분리의 요구가 터져 나왔다. 비록, 다수의 개신교인들은 여전히 이승만과 자유당 정부를 맹목적으로 지지하며 유착관계를 포기하지 않았지만, 이 정부에 대한 입장에 있어서 교회 안에 분열

---

42) 서정민은 제1공화국 시절, 교회와 국가의 유착이 극에 달해, 거의 개신교가 "준국교" 수준의 평가를 받았다고 지적했다. "실제로 제1공화국 시절, 5% 미만의 전 국민 크리스천 비율에서 40%에 육박하는 지도급 인사를 배출한 공동체가 된 것은 하나의 증거였다. 이는 기여의 정도를 넘어 특권의 단계로 비판받기도 했고, 남한의 경우, 기독교가 '준국교' 라는 뒷말이 나올 정도였다." 서정민, "드높던 정교분리의 깃발은 어디로," 『복음과 상황』(2006. 10).

43) 강인철에 따르면, 한국교회의 반공주의는 (1)공산주의 세력을 사탄 내지 적그리스도와 등치하는 '사탄론' (2)전쟁은 하나님이 한민족을 선택하여 자유민주주의 수호라는 특별한 사명을 부여하신 개기였다는 '반공주의적 선민의식' (3)한반도 중심의 세계구원을 내세운 '종말론적 구원론' (4) 공산주의자들에 의해 희생된 이들을 순교자로 성화하고 숭배하는 '순교담론' 으로 나타났다고 한다. 김동언, "강인철 교수, '반공주의 청산해야 할 과제,'" 『뉴스앤조이』(2005. 11.6) (http://www.newsnjoy.or.kr/news/articleView.html?idxno=13885). 이 주장에 대한 상세한 연구, 강인철, 『한국개신교와 반공주의』(서울: 중심, 2007) 참조.

이 발생한 것은 사실이며, 양자 간의 유착관계도 예전과 같지 않았음이 분명하다.44) 또한 주일행사문제와 교회헌금문제에 대한 정부와 교회 간의 입장차이로 양자 간에 긴장이 고조되기도 했다. 제1공화국 초기부터 주일선거문제로 한 차례 갈등을 겪었고, 1950년대 중반부터 주일에 실시되는 각종 시험문제로 교회가 국가와 대립각을 세우게 되었다. 뿐만 아니라, 1954년 8월에 국회에서 '기부금모집금지법 개정안'이 통과되면서 양자 간에 다시 한 번 갈등이 고조되었다. 이 법안은 내무부장관이 필요하다고 판단될 때, 종교단체의 금품 거출을 금지, 정지, 혹은 감액시킬 수 있으며, 불응하는 경우에 사법처리할 수 있도록 규정했다. 이 개정안은 "세계에서 유래가 없는" 기독교 박해의 상징으로 인식되었다.45)

(3) 평가

정교분리를 헌법에 명백히 규정하고 있었지만, 이 시기에 국가와 개신교 사이에서 이 법은 유명무실했다. 약간의 예외적 목소리들도 존재했지만, 개신교 일반은 다양한 방식으로 정치활동에 직접 참여하거나, 국가정책에 적극 협

---

44) 1958년 민의원 선거를 기점으로 개신교가 이승만 정권과 거리를 두기 시작했다는 해석은 보수적 진영과 진보적 진영의 역사학자들 사이에서 공통으로 발견된다. 반면, 보수진영의 허명섭은 "그 결과 1960년 3·15 선거에는 한국교회가 거의 관여하지 않았다. 오히려 선거 후에는 3·15 선거를 부정선거로 규탄하고, 이후 일련의 사태에 대한 정부의 강경 대응에 대해서도 비판의 소리를 높이게 된다"라고 당시 상황을 정리한 반면, 진보진영에 속하는 노치준은 "그러나 이승만 정권 말기에 이르면 다수의 기독교인들이 이승만 대통령에 대해서 실망하여 거리를 두게 되었지만 정권에 대한 비판과 도전에까지 이르지는 않았다"라고 평가했고, 김권정은 "한국민주주의의 가장 치명적 사건으로 통하는 3·15 부정선거에서도 기독교의 역할은 상상을 초월하는 것이었고, 이승만 대통령 후보와 이기붕 부통령 후보가 모두 기독교인으로 '전국교회 150만 신도께 드리는 말씀'으로 기독교인들의 지지를 공개적으로 호소하였던 것이다."라고 비판했다. 허명섭, 『해방 이후, 한국교회의 재형성』, 253. 노치준, "한국개신교와 국가권력 간의 관계," 34. 김권정, "한국교회와 정치참여."
45) 허명섭, 『해방 이후, 한국교회의 재형성』, 253-61.

력했다. 오히려 개신교는 정교분리를 무책임한 태도로 비판하고, 정치참여를 시대적 사명으로 이해할 정도였다. 정부도 타종교에 비해 개신교에 특혜성 지원을 계속함으로써, 정교분리를 무색케 할 만큼 종교차별을 정책적으로 추진했으며, 개신교는 이런 정부정책이 정교분리에 위배된다고 생각하지 않았다. 결국, 이 시기에 정교분리는 현실적으로 존재하지 않았으며, 정교분리에 대한 개신교의 인식도 매우 수준이 낮거나 자의적이었다. 한편, 이 시기에는 개신교 안에 신학적 차이로 교단이 분열될 정도로 갈등이 있었지만, 친미반공이란 정치적 입장에선 대체로 통일된 모습을 유지했다. 즉, 신학적 진보주의가 정치적 진보주의로 발전하지 못한 상태에서, 보수와 진보가 정치적으로 일치된 목소리를 내고 있었던 것이다. 따라서 정교문제와 관련해서, 양자 간에 뚜렷한 차이는 없었다.

2. 1960-1987

(1) 4. 19혁명과 개신교

군정과 제1공화국을 거치면서 한국교회와 정부의 유착관계는 견고해졌다. 헌법에 명시된 정교분리 조항에도 불구하고, 개신교를 향한 국가의 특혜적 지원은 지속되었고, 정부를 향한 개신교의 지지와 동원도 절정에 달했다. 냉전의 최전선에서 공산주의라는 공동의 적과 싸우면서, 정부와 교회의 동지적 연합은 지극히 자연스럽고, 어쩌면 불가피했을 것이다. 하지만 이런 유착관계가 극에 달했을 때, 교회는 타락한 정권의 몰락과 함께 공동의 파국을 맞이할 수밖에 없었다. 4. 19 혁명으로 부패한 자유당 정권이 몰락하면서, 이 정권에 맹목적으로 면죄부를 부여하던 한국교회의 타락한 실체도 만천하게 드러났던 것이다. 4 19

를 통해 폭로된 한국교회의 기만적 실체를 조성수는 다음과 같이 요약적으로 진술했다.

> 4. 19 혁명으로 무너진 자유당 정권이 '기독교적 정권'으로 인식될 수 있다는 역사의식은 한국 기독교에 매우 심각한 고민과 무거운 과제를 안겨준다고 하겠다. 자유 평등 정의 평화가 기독교적 덕목의 가장 중요한 측면이라면, 이러한 덕목을 뒷받침해야 할 기독교적 정권이 자유·정의 등의 그러한 덕목의 실천은커녕 오히려 그 말살에 동조 내지는 앞장선 것 같은 행위를 한 것은 민족사를 오도한 일대 오점이 아닐 수 없다. 이 땅에 처음으로 도입된 민주주의 제도를 육성해야 할 기독교적 정권이 주권재민의 이념의 실천은 고사하고 부정부패 등으로 민족사에 낙인찍혀야 하다니, 이것은 역사의 아이러니가 아닐 수 없다. 한국의 기독교가 민주투사인 양 뽐내기 전에 민족사에 끼친 죄악을 정직하게 회개해야 할 것이다.[46]

4. 19를 목격하면서도, 다수의 교인들은 변화된 상황을 제대로 인식하지 못하고 있었다. 혹은 시대적 요청에 피동적으로 반응할 뿐이었다. 장하구 목사의 증언처럼, "민족은 폭정에 반발하여 혁명을 성취하고 모든 언론은 드높은 혁명의 정신을 고창한다. 그러나 교회는 아직도 영문을 모르겠다는 격이다. 혁명의 전야까지 무슨 뜻으로든지 간에 활발하던 대표인 교회신문은 이제 침묵을 지키고 있을 뿐이다."[47] 하지만 정부에 맹목적 지지를 반복하던 한국교회가 서서히

---

46) 조성수, "한국에서의 교회와 국가와의 관계에 관한 연구: 교회사적 측면에서 본 연구" (연세대학교 대학원 박사학위논문, 2008), 284.
47) 장하구, "혁명과 교회의 반성," 『기독교사상』(1962년 5월호), 43. 조성수, "한국에서의 교회와 국가와의 관계에 관한 연구: 교회사적 측면에서 본 연구," 280에서 재인용.

미몽에서 깨어나기 시작했다. 자신들의 종교적 기득권을 옹호하는 한, 정부의 부정과 부패에 대해 묵인하거나 심지어 적극적으로 변호하던 교회가 마침내 자신의 역사적 과오를 깨닫고, 자신과 정부를 향해 반성과 회개를 촉구하기 시작한 것이다. 물론, 제3공화국의 성립과정에서 다시 한 번 과거의 행태로 퇴행하는 모습을 보이지만, 4 19가 한국교회의 사회적 인식과 반응에 결정적 전환점이 된 것은 틀림없다. 혁명 1년 후에 발표된 김재준의 글에서, 우리는 교회의 변화된 인식을 확인할 수 있다.

> 4.19 혁명은 암운을 뚫고 터진 눈부신 전광이었다. 그 윤리적 높은 행위가 일반의 양심의 자화상을 소출塑出시켰다. 교회도 이 섬광에서 갑자기 스스로의 모습을 보았다. 그리하여 구 정권의 악행에 교회가 전적으로 책임져야 한다고 몸부림치는 교인들까지 생겨났다...교회는 국가적 집권자에게 자신을 일치시키지 못한다. 그리고 그 집권자를 교회자신의 편익을 위하여 이용하려 해도 안 된다...국가를 절대화하려는 독재 경향이 익어감에도 불구하고 교회가 이에 교회로서의 경고를 제대로 발언하지 못했다는 것, 교회가 덧없이 집권자의 일치의식에 자위소를 설치했다는 것, 교회가 대 건설사업에 활발하지 못했다는 것 등이 원칙적으로 반성될 수 있을 것이다.[48]

이처럼, 4.19를 계기로, 한국교회 내에 정부에 대한 객관적 평가와 자기반성이 시작되었다는 것은 역사적으로 매우 중요하다. 정교유착의 견고한 고리를 끊으려는 시도가 교회 내부에서 최초로 발생했기 때문이다. 하지만 이런 반

---

48) 김재준, "4.19 이후의 한국교회," 『기독교사상』 (1961년 4월호), 조성수, "한국에서의 교회와 국가와의 관계에 관한 연구: 교회사적 측면에서 본 연구," 280에서 재인용.

성과 결단이 부패한 정권과 왜곡된 정교유착에 대한 진지한 자기반성의 결과가 아니라, 교회 밖에서 주도된 4. 19의 충격에 의한 피동적 반응이라는 것은 당시 교회의 근본적인 한계를 노출한 대목이다. 무엇보다, 이런 각성과 반성이 교회 대다수의 반응이 아니라, 소수의 모습이었다는 사실은 뼈아픈 기억이다. 결국, 개신교가 박정희 정권의 출현을 열렬히 환영했던 것은 이런 한계 때문이었을 것이다.

(2) 박정희 정권과 개신교

5. 16 군사 쿠테타를 통해 정권을 탈취한 박정희는 종교계와 불필요한 갈등을 피하기 위해 노력했다. 기독교에 편향적 태도를 고수했던 이전의 정권들과 달리, 군사정권은 모든 종교에게 중립적 자세를 유지했다. 그 결과, 개신교와 정권 간의 유착관계는 상당히 약화되고, 차별의 대상이었던 전통종교들이 급부상했다. 형식적 차원에서나마, 정교분리가 정착되기 시작한 것이다.[49] 하지만 정치적 정통성이 취약했던 군부는 정권유지를 위해 민주주의적 가치를 훼손했고, 이에 대한 사회적 저항이 강하게 발생했다. 이런 급박한 상황에서, 정권에 대한 교회의 반응과 관련하여, 개신교는 진보와 보수로 양분되었다. 군사정권 내내, 개신교 진보진영은 민주화운동의 선봉에 섰고, 그 대가로 혹독한 박해를 받았다. 반면, 보수진영은 군사정권을 때로는 적극적으로, 때로는 암묵적으로 지지했고, 그 대가로 선교활동의 자유를 보장받으며 급성장했다.

보다 구체적으로, 1969년을 기점으로 한국 개신교는 박정희 정권에 대한 상반된 입장을 보이며 양분되었고, 이후 극심한 대립과 갈등을 겪었다. 군사정권 초창기인 1965년 6월 22일에 일본과 한일협정이 체결되었을 때, 한국은 보수

---

49) 박수호, "종교정책을 통해 본 국가-종교간 관계," 470.

와 진보의 구분 없이 이 협정을 굴욕외교라고 비판하며 격렬히 저항했었다. 동년 7월 1일, 김재준, 한경직, 강신명, 강원룡, 함석헌 등을 포함한 기독교계 인사 215명이 서명한 성명서가 발표되었고, 7월 5일과 6일에 영락교회에서 개최된 '국가를 위한 기도회'에 수천 명의 개신교인들이 참석했다. 하지만 1969년에 박정희 정권이 정권연장을 위해 헌법개정을 추진하자, 한국개신교는 진보와 보수로 확연히 분리되기 시작했다. 김재준, 박형규, 함석헌 등이 '3선개헌반대 범국민투쟁위원회'에 참여하자, 동년 9월 4일 김윤찬, 박형룡, 조용기, 김준곤, 김장환 등 보수진영 목회자 242명이 '개헌문제와 양심자유선언'을 발표하여 진보진영의 정치참여를 반대하고, "날마다 그 나라의 수반인 대통령과 영도자를 위해 기도하여야하는 것이 기독교적인 태도"라고 주장했다. 다음 날인 5일에, 급조된 '대한기독교연합회' DCC 명의로 '개헌에 대한 우리의 소신'을 발표하여, "우리 기독교인은 개헌문제에 대한 박 대통령의 용단을 환영한다."고 삼선개헌을 공개적으로 지지했다.50) 결국, "이 사건을 계기로 한국교회는 진보와 보수로 나뉘어 민주화에 대한 분명한 입장의 차이를 보이게 되었다."51) 이후, 진보와 보수는 군사정권과의 관계에 있어서, 정반대의 길을 걷게 되었다.

삼선개헌을 둘러싼 갈등 속에 진보진영과 결별한 이후, 보수진영은 박정희 정권과 적극적으로 밀월관계를 추구한다. 보수진영은 정교분리를 외치며 진보진영의 반정부운동을 비판했지만,52) 정작 자신들은 다양한 방식으로 군사정권

---

50) 조성수, "한국에서의 교회와 국가와의 관계에 관한 연구: 교회사적 측면에서 본 연구," 297-98.
51))이은선, "한국교회와 정치," 『장로교회와 신학』, 228.
52) 10월 유신 이후, 김종필이 교회협과 일부 선교사들의 정치활동을 비판했다. 이에 교회협이 성명서를 발표하여 김종필의 발언을 비판하자, 대한기독교연합회는 반박성명을 발표했다. 그들은 "종교와 정치는 분리되어야 한다...민주주의정권에 대해서나 독재정권에 대해서나 똑같이 로마서 13장에 명시된 모든 권세는 하나님이 정한 것이므로 이에 순종하는 것이 우리 교회의 입장이다"고 주장했다. 『동아일보』(1974. 11. 28). 강인철, 『한국개신교와 반공주의』, 243에서 재인용.

을 적극 지지했던 것이다. 군사정권이 철권통치로 인권을 유린하고 민주주의를 훼손하며 장기집권을 획책할 때, 보수진영은 지속적으로 공개적 지지를 선언했다. 삼선개헌을 넘어 유신헌법까지, 이런 태도는 흔들림이 없었다.[53] 뿐만 아니라, 김준곤 목사의 주도 하에, 1966년부터 시작된 국가조찬기도회는 정권과 교회가 호혜적 관계를 형성하는 효과적 도구로 기능했다. 최형묵의 평가처럼, "정권의 입장에서야 정권의 정당성을 확보하고 장도의 축복을 받을 수 있는 기회를 마다할 리 없었다. 교회의 입장에서도 체제를 뒷받침해주고 협력함으로써 얻을 수 있는 실마리를 생각했다."[54] 국가조찬기도회의 효용성이 확인된 후, 이것은 '국무총리를 위한 조찬기도회'를 포함한 다양한 종류의 조찬기도회로 진화했고, "원색적인 정권 및 정책에 대한 찬양이 행사장에 울려 퍼지곤 했다."[55] 그 외에도, 보수진영에서는 교단적·개인적 차원의 수많은 반공단체를 조직하여, 위기에 처한 군사정부를 지원했다. 예를 들어, 1975년에 창립된 '한국기독교지도자협의회'는 동년 7월 26일에 "세계교회에 보내는 한국교회 선언문"을 발표했다. 이 선언문에서 이 단체는 "아직까지 한국의 교회는 정부로 인해서 그 신앙이나 교회에 간섭이나 침해를 받은 일이 없고 선교활동도 큰 제약 없이 자유로이 계속 하고 있다…대한민국의 주권 없이는 이 땅에 교회도 없음

---

[53] 김준곤 목사는 1973년 제6회 조찬기도회에서 행한 설교에서 10월 유신을 다음과 같이 정당화하며 공개적으로 지지를 천명했다. "민족의 운명을 걸고 세계의 주시 속에서 벌어지고 있는 10월 유신은 하나님의 축복을 받아 기어이 성공시켜야 하겠다…당초 정신혁명의 성격도 포함하고 있는 이 운동은…마르크스주의와 허무주의를 초극하는 새로운 정신적 차원으로 승화시켜야 될 줄 안다. 외람되지만 각하의 치하에서 일어나고 있는 전군 신자화운동이 종교계에서는 이미 세계적 자랑이 되고 있는데, 그것이 만일 전민족신자화운동으로까지 확대될 수 있다면 10월 유신은 실로 세계 정신사적 새 물결을 만들고 신명기 28장에 약속된 성서적 축복을 받을 것이다."『교회연합신보』(1973년 5월 6일). 최형묵, "교회와 권력의 유착 고리, 국가조찬기도회," 『복음과 상황』 (2009. 4. 7)에서 재인용.

[54] 최형묵, "교회와 권력의 유착 고리, 국가조찬기도회." (newsnjoy.or.kr)

[55] 강인철, 『한국의 개신교와 반공주의』, 394.

을 인정하고 현 시국 하에서는 신앙수호와 국가안보를 우리의 제일차적인 과업으로 간주한다."고 선언했다.[56] 당시에, 진보진영이 군사정권의 가혹한 탄압 하에 있었지만 말이다.

보수진영의 친정부적 활동에 대한 국가차원의 혜택도 있었다. 극심한 정치적 혼란기에 정부는 개신교의 초대형 전도 집회를 허용 및 후원했고, 전군신자화운동을 전폭적으로 지원함으로써, 보수진영의 급성장에 결정적 도움을 주었던 것이다. 구체적으로, '빌리 그레이엄 한국전도대회[1973],' '엑스플로 74[1974],' '77복음화대성회[1977]'가 여의도의 5. 16광장에서 연속 개최되었다. 이 행사들을 위한 군사정권의 적극적 후원상황을 강인철은 다음과 같이 설명한다.

> 박 대통령은 '빌리 그레이엄 한국전도대회'를 위해 범정부적 차원의 파격적인 지원을 제공했다. 한 보도에 의하면, "대회장 시설 및 진행을 위한 관계당국의 지원과 배려도 컸다. 군 공병대는 많은 장비와 병력을 투입했고, 매일 수십만 명이 넘는 청중의 안정을 위해 1천 8백 명의 경찰관이 동원됐다…서울시가 대회기간 중 여의도 일대의 야간통행금지를 해제한 것도 해방 뒤 처음의 특례"였다. 이 밖에도 관제행사 외에는 개방하지 않던 여의도 5 16광장을 특정 종교단체에 내준 것이나, 헬리콥터와 경비정까지 동원한 경비, 서울시가 수백 대의 버스로 하여금 여의도를 경유하도록 노선을 조정해준 것, 육군사관학교 군악대가 행사에 참석하여 찬송가를 연주한 것, 관영언론사들을 통한 대대적인 행사 보도 역시 그 어떤 시민적 조직들도 기대할 수 없는 특혜적 배려였다.[57]

---

56) Ibid., 244-45.
57) Ibid., 206.

이런 대형집회를 통해 기독교인들의 숫자가 70년대 초 200만에서 1978년에 400만으로 크게 증가했다.[58] 또한 1969년에 1군사령관에 부임한 한신 대장의 주도 하에, 전군신자화운동이 전개되었다.[59] 전군신자화운동의 출범 배후에는 군인들의 반공사상을 고취시키려는 의도가 있었고, 이것은 군선교를 꿈꾸던 개신교의 욕구와 일치했다. 이 운동의 여파는 대단하여, "전경신자화운동"과 "전국교도소신자화운동"으로 확장되었으며, '전군신자화운동을 위한 조찬기도회'가 열리고, '전군신자화운동을 위한 후원회'가 창립되었다. 이런 환경 속에, "1971년부터 1974년 사이에 1천 명 이상의 대규모 합동세례식만도 무려 26회나 거행되었"고, "1971년부터 1974년까지의 4년 동안 개신교의 입교자는 120,258명, 천주교 입교자는 19,284명, 불교 입교자는 6,276명으로 나타났다. 이 기간 중 세 종교 전체 입교자 145,818명 중 개신교가 82.5%로 대부분을 차지했"다.[60]

물론, 박정희 정권과 개신교 보수진영 간에 불협화음이 전혀 없었던 것은 아니다. 위에서 언급했듯이, 거국적 차원에서 발생한 한일협정체결반대투쟁에 교회도 합류했었다. 이것은 정치사회적 문제로 교회가 정부에 반대 입장을 공적으로 표명했던 거의 유일한 경우다. 반면, 개신교에 대한 정부의 큰 혜택에도 불구하고, 정부가 '사립학교법'을 개정하여 사립학교의 종교교육 및 종교행사를 금지하려 하자, 양자 간에 갈등이 10년 동안 지속되었다. 예를 들어, 1970년 3

---

58) 이은선, "한국교회와 정치," 231.
59) 하지만 김준곤 목사의 최근 주장에 따르면, 1969년에 박 대통령이 "군대 내 좌익 침투에 대한 우려를 갖고 군인들의 사상 무장과 정신 무장에 대해 자문을 구해" 왔고, 이에 대해 김 목사가 "신앙 전력화가 군대 내 반공운동과 정신의 무장에 크게 도움이 될 거라며 전군신자화운동을 제안" 했다고 한다. 김준곤, "민족복음화운동 연표," 『나와 김준곤 목사 그리고 C.C.C.』 (서울: 한국대학생선교회, 2005), 581-82. 강인철, 『한국의 개신교와 반공주의』, 213에서 재인용.
60) 강인철, 『한국의 개신교와 반공주의』, 358-60.

월 25일에 문교부장관이 발표한 '초·중·고등학교 종교교육 및 행사에 관한 지시' 때문에, 기독교계 학교의 예배나 성경교육이 전면적으로 불가능해졌다. 이에 대해, 개신교는 KNCC 차원에서, 장로교 총회 및 노회 차원에서 진정서 제출을 정부에 제출했으나, 별다른 성과를 거두지 못했다.[61]

(3) 평가

박정희 정권 치하에서, 개신교 보수진영은 정교분리를 이중적으로 해석 적용했다. 즉, 정부에 대해 강력히 저항하던 개신교 진보진영을 향해, '교회의 정치참여 금지'란 의미에서 정교분리를 내세워 비판했지만, 자신이 정부의 정책을 공개적으로 지지하고 적극적으로 협조했던 것에 대해선 동일한 의미의 정교분리원칙을 적용하지 않았다. 한편, 보수진영이 다양한 형태의 선교활동에 국가적 지원을 받았던 것에 대해서는 '국가가 특정 종교에 혜택을 베풀 수 없다'는 의미의 정교분리를 적용하지 않았지만, 몇몇 사항에 대해 자신들의 종교적 기득권이 위협받는 상황에서는 종교자유를 내세워 국가정책에 반대했다. 물론, 그 강도가 세지는 않았지만 말이다. 결국, 정치적으로 이념적 교집합을 유지했고, 종교적으로도 국가적 혜택을 누리면서, 이 시기의 보수진영은 정교분리의 이중적 의미를 객관적이고 공정하게 적용하지 않고, 자신의 편의에 따라 자의적으로 해석·적용했다.

3) 1987-현재

(1) 6월 항쟁(1987)과 개신교

---

61) 조성수, "한국에서의 교회와 국가와의 관계에 관한 연구," 314-17.

1987년 6월 항쟁은 이 땅의 민주화운동에 대전환점이 되었을 뿐만 아니라, 한국개신교에도 결정적 영향을 끼쳤다. 진보진영의 경우, 장기간의 민주화운동 후 통일과 민주화의 운명적 관계를 깨닫고, 반공에 대한 새로운 인식과 통일운동의 필요성을 절감하기 시작했다. 그들은 1987년 6월 항쟁에 적극 참여했으며, 1988년에 발표된 KNCC의 '민족의 통일과 평화에 대한 한국기독교의 선언'을 통해, 자신들의 변화된 입장을 세상에 천명했다. 보수진영에서 발생한 변화도 결정적이었다. 87년의 경험은 보수진영 내에서 소위 "87년형 복음주의"라는 진보적 복음주의자들의 출현을 야기했고,[62] 88년 KNCC 선언에 대한 반작용으로 보수적 복음주의자들이 결집하여 '한국기독교총연맹(한기총)' 탄생했다. 즉, 87년 이후 보수진영이 내부적으로 진보와 보수로 양분된 것이다.

1987년 6월 항쟁을 전후로, 보수진영 내에 새로운 움직임들이 감지되기 시작되었다. 최초의 움직임은 학생들 안에서 감지되었다. 1984년에 일군의 복음주의 청년들이 '기독교학문연구회'를 조직하고 기독교세계관운동을 전개했으며, 이 모임을 기반으로 1986년에 '기독교문화연구회'가 탄생했다. 1987년에는 복음주의 선교단체인 IVF 간사회가 '오늘을 사는 기독 대학생의 신앙고백과 결의'를 선언했으며, 이것이 "선교단체와 신학생들의 사회참여 분위기를 고조시켰다."[63] 이런 흐름 속에, 1987년 11월 20일 공정선거감시와 민주정부수립을 위한 '복음주의청년학생협의회'가 발족되었고, 1988년 3월 1일에 '복음주의청년연합'이 창립되었다.[64] 학생들이 주도했던 이런 운동들과 병행하여, 1987년 12월에 복음주의 대학교수들을 중심으로 '기독교윤리실천운동'이 발족됐다. 이

---

62) 배덕만, "우리식 복음주의를 꿈꾸며,"『복음과 상황』256호 (2012. 1. 27) (http://www.goscon.co.kr/news/articleView.html?idxno=28113).

63) 김명배, "복음주의 진영의 사회참여에 나타난 교회와 국가의 관계," 142.

64) Ibid, 142-43.

후, '경제정의실천시민연합' 1987년 7월 8일과 '교회개혁실천연대' 2002년 11월 24일 가 연속적으로 창립됨으로써, 진보적 복음주의자들이 본격적으로 사회개혁에 합류했다. 이런 운동의 대표적 지도자였던 손봉호는 기윤실의 설립배경을 다음과 같이 설명했다. 이 글을 통해, 이 시기 진보적 복음주의자들의 변화된 생각과 한계를 단적으로 감지할 수 있다.

> 보수적 신앙인들은 혁명적, 나아가서 폭력적 방법으로 민주화와 평등을 성취한다는 데 대해서는 매우 비판적이었다...성경을 공부하고 기도하면서 기독교수들은 이 문제에 대해서 같이 고민하며 토론했으며 몇몇은 좀 더 적극적으로 민주화 운동에 가담하기도 했다...그러나 한 가지 분명한 것은 민주주의와 사회평등 등 사회이상을 달성하는데 있어서 그리스도인이 반드시 갖추어야 할 것은 개개인의 도덕적인 삶과 윤리적 모범이라고 생각했다...구조개혁의 중요성을 무시하지 않으면서도 그리스도인은 마땅히 자신들의 삶을 도덕적으로 만드는 것이 필요하다고 생각하여 시작된 것이 기독교윤리실천운동이다.[65]

이 시기에 보수진영의 정치참여와 관련해 가장 중요한 사건은 KNCC의 1988년 선언문에 대한 반작용으로 한국기독교총연합회가 1989년에 탄생한 것이다. KNCC선언문에 포함된 반공에 대한 역사적 반성과 주한미군철수 요구는

---

[65]) 손봉호, "기독교윤리실천운동," 『기독교사상』 (1990. 11), 86-7. 이런 운동들은 당시의 급박한 정치적 상황의 영향 하에 시작되었지만, 당시에 본격적으로 소개되기 시작한 신학들에도 크게 자극을 받았다. 즉, 1974년 로잔언약을 기초했던 영국의 존 스토트, '그리스도 주권론'을 제창했던 화란의 아브라함 카이퍼, 그리고 복음주의적 문화비평을 주도했던 미국의 프란시스 쉐퍼 등이 한국의 복음주의 지성들 안에 큰 반향을 불러왔다. 이 부분에 대한 보다 상세한 정보는 류대영, "1980년대 이후 보수교회 사회참여의 이론과 사례," 류대영, 『한국근현대사와 기독교』 (서울: 푸른역사, 2009): 301-45와 김명배, "복음주의 진영의 사회참여에 나타난 교회와 국가의 관계"를 참조.

즉각적으로 북한출신의 보수적 개신교인들을 경악시켰다. 결국, 한경직 목사를 비롯한 일군의 반공적 목사들의 주도 하에, 1989년 12월 28일에 36개교단과 6개 기관이 모여 한기총을 조직했다. 곧, 이 단체는 가입교단의 수와 재정 면에서 KNCC를 압도하면서, 한국교회를 대표하는 연합기구로 부상했다.66) 비록, 교회연합, 복음화, 사회봉사를 자신의 주요사업으로 설정했지만, 한기총은 강력한 반공주의에 기초하여 현실정치에 적극적으로 참여하기 시작했다. 허명섭의 평가처럼, "이후 한기총은 기독교 보수 복음주의 세력의 결집체가 되었고, 반공과 우미優美를 견인하는 한국교회의 중심이 되었다."67)

(2) 김대중 노무현 정부와 개신교

한국개신교의 보수진영은 김대중이 제15대 대통령에 취임했던 1998년부터 노무현이 제16대 대통령에서 퇴임한 2008년까지를 "잃어버린 10년"으로 정의한다. 국민의 정부는 소위 햇볕정책과 남북정상회담을 통해 북한과의 우호적 관계를 형성했고, 이것은 자연스럽게 친북과 반미의 양상으로 발전했다. 이런 상황은 노무현 정부에 들어, 더욱 심화되었다. 이것은 한국사회의 보수주의자들에게 존재론적 위협으로 인식되었고, 그들은 곧 정치적으로 결집하기 시작했다. 이런 상황변화 속에, 한국개신교의 보수진영도 반정부활동에 적극 가담했다. 한기총이 그 선봉에 섰다. 동시에, 다양한 형태의 우파적 기독교시민단체들이 결성되어 그 대오에 합류했고, 이런 흐름은 기독교 정당의 창당에서 절정에 달했다. 분단 이후 50년간 정교분리를 외치면서도 정부와 유착관계를 유지

---

66) 한기총에 대한 전반적인 설명과 분석에 대해선, 박명수, "한국기독교총연합회와 한국교회 복음주의 운동," 231-69 참조.
67) 허명섭, "최근 한국복음주의 기독교의 정치 및 사회참여," 박종현 엮음, 『변화하는 한국교회와 복음주의 운동』(서울: 두란노아카데미, 2011), 282.

해 온 개신교 보수진영이 역사상 처음으로 정부에게 전면적으로 저항하기 시작한 것이다.

한기총은 친북·반미적 성향의 김대중 정부가 등장하면서 대한민국 정통성이 흔들린다고 판단하고, 반정부 투쟁의 선봉에 섰다. 한기총의 이런 움직임은 2002년 노무현의 대통령 당선과 함께 더욱 강력해졌다. 특히, 한기총은 2004년에 추진된 '개정사립학교법' 때문에 정부와 극단적 대치상황에 이르렀다. "좌편향적인 정부를 몰아내고 보수적인 정권이 들어서야 한다고 생각"하고, "보수주의자들은 강력한 반정부 운동을 전개했다."[68] 이 시기에 한기총이 주도한 반정부 집회들은 다음과 같다.

3.1절 나라와 민족을 위한 구국금식기도회와 반핵, 반김 자유 통일 3.1절 국민 대회2003년 3월 1일, 여의도 한강 시민 공원 및 서울 시청 광장, 구국기도회 및 친북 좌익 척결 부패 추방을 위한 3.1절 국민 대회2004년 3월 1일, 서울 시청 광장, 국가보안법 폐지 반대 및 사립학교법 개정 반대 그리고 대한민국을 위한 비상 구국 기도회 2004년 10월 4일, 서울 시청 광장, 북핵 반대와 북한 인권을 위한 국민 화합 대회2005년 6월 25일, 대학로, 대한민국을 위한 비상 구국 기도회2006년 9월 2일, 서울 시청 광장 등.[69]

2004을 기점으로, 개신교 보수진영에서 소위 "뉴라이트"가 출현하기 시작했다. 이들도 노무현 정부의 국가보안법폐지, 사학법 개정 등에서 시장경제와 자유민주주의로 상징되는 대한민국의 정체성이 절체절명의 위기에 처했다

---

68) Ibid., 283.
69) Ibid., 284.

고 판단하고, 국가정책에 강력히 저항한 것이다. 최초로 조직된 '기독교사회책임'은 "대선을 통한 체제 밖 좌파세력과 그와 연결된 세력의 척결, 선진화 운동, 북한인권운동 등을 핵심적 과제로 제시했다."70) 뒤를 이어, '뉴라이트전국연합' 2005, '한국기독교개혁운동' 2005, '기독교뉴라이트' 2006, '뉴라이트기독교연합' 2007 등이 연속적으로 조직되어, 합리적 보수우파를 표방하며, 친북좌파세력으로부터 대한민국의 정체성을 수호하기 위해 분투했다. 이들은 기존의 보수주의를 타락한 수구세력으로 비판하며 Old Right이라고 명명했고, 자신들을 New Right라고 명명하며 구별했으나, 반공·친미를 축으로 한 우파적 정체성에는 차이가 없었다. 반면, 정부와 밀월관계를 유지했던 Old Right과 달리, 이들은 좌파정부와 치열한 갈등관계를 형성함으로써, 국가와 종교의 관계 면에서 이전과 분명한 차이를 보였다.71)

이 시기에 보수적 개신교가 정치에 참여했던 또 하나의 중요한 방법은 기독교 정당을 창당하여, 현실정치에 직접 참여하려 한 것이다. 앞에서 언급했듯이, 한국개신교인들은 해방과 함께 북한에서 몇몇 목회자들의 주도 하에 기독교정당을 시도했다 실패한 적이 있다. 기독교와 가장 친밀한 관계를 유지했던 제1공화국 시절에도 기독교정당을 조직하려는 노력은 없었다. 하지만 좌파적

---

70) Ibid., 290. 기독교사회책임을 설립한 서경석 목사는 맥아더 동상철거를 주장하는 사람들을 목격하면서, 다음과 같이 자신의 입장을 밝혔다. "도대체 맥아더 동상을 철거하겠다는 사람들은 어떤 사람들입니까? 인천상륙작전이 잘못되었고 이러한 미군의 진입으로 한반도가 분단되었다고 생각하는 사람들입니다. 김정일 치하에서 사는 것이 옳았다고 생각하는 사람들입니다. 그런데 동상을 철거하겠다는 사람들이 수천 명이 되는 것을 보고 충격을 느꼈습니다. 이들이 바로 전교조, 민노총, 민노당, 한총련, 범민련, 통일연대, 민중연대, 전농 그런 사람들입니다. 이 사람들의 숫자가 수십만에 달합니다. 이들이 대한민국을 흔들고 자유 민주주의 체제를 위협하는 것을 보면서 저는 지난날 나의 온 젊음을 다 바쳐 쟁취한 자유 민주주의를 지키기 위해 이들 친북 좌파세력과 싸우지 않으면 안 된다고 생각했습니다." 서경석, "내가 왜 변절자인가?" (www.kcsr.kr/news).

71) 기독교계열 뉴라이트의 이념적 배경과 특징에 대해서는, 류대영, "한국기독교 뉴라이트의 이념과 세계관," 『한국근현대사와 기독교』, 380-414 참조.

성향의 노무현 정부가 들어서고, 개신교가 가장 경계하는 이단 통일교가 정당을 창당하려하자, 이에 자극받은 일군의 보수적 개신교인들이 기독교정당을 창당했다. 2004년에 '한국기독당'이 조직되어 총선에 참여했으나, "지역구에서 모두 참패하고 정당투표에서도 1.1퍼센트인 228,798표를 얻는데 그쳐 단 한명의 당선자도 내지 못했다."[72]

(3) 이명박 정부와 개신교

소위 '잃어버린 10년' 동안 절치부심했던 보수적 개신교인들은 2007년 대선에서 한나라당 이명박 후보에 몰표를 던졌다. 예를 들어, 뉴라이트전국연합은 2007년 11월 소속회원 17만 명의 이름으로 '한나라당 이명박 후보지지 성명서'를 내고 대통령 선거에서 이명박 후보를 적극 지지할 것임을 천명했다.[73] 결국, 그들의 소망과 노력의 결과, 이명박 후보가 제17대 대한민국 대통령으로 당선되었다. 장로 대통령 당선에 일등공신이 된 보수적 개신교인들은 이후에도 이명박 정부의 강력한 지지 세력으로 기능했다. 그러나 시간이 흐르면서, 종교편향 문제를 둘러싸고 양자 간에 긴장관계가 형성되기도 했다.

먼저, 한기총으로 대변되는 보수적 개신교 그룹은 이명박 정부의 집권기간 내내 정부와 밀월관계를 유지했다. 일차적으로, 이명박 정부의 내각은 소위 '고소영' 고려대, 소망교회, 영남 출신 내각으로 불릴 정도로, 친개신교적 성향을 노골화했다. 이명박 자신이 서울시장 시절 한 기도모임에서 "서울을 하나님께 봉헌한다"는 발언을 하고, 대통령 재임 중에 참석한 국가조찬기도회에서 무릎 꿇고 기도함으로써, 종교편향논쟁의 촉매가 될 정도로 개신교와 밀월관계를 유지했

---

72) 김지방, 『정치교회』, 207-22.
73) 허명섭, "최근 한국복음주의 기독교의 정치 및 사회참여," 302.

다.⁷⁴⁾ 이런 이명박 정부에 대한 보수진영의 지지는 가히 절대적이었다. 미국산 쇠고기수입문제로 촉발된 촛불시위, 한미FTA협상체결, 용산참사, 천안함사건, 4대강개발사업 등, 이명박 정부가 심각한 저항과 위기에 직면했을 때마다, 보수진영은 변함없이 지지를 선언했다. 예를 들어, 4대강개발사업에 대해 전국적으로 반대운동이 일어나고, 대부분의 종단들이 반대성명서를 발표했을 때, 유일하게 한기총만 지지성명을 발표했던 것이다.^{2010년 5월 25일 75)}

하지만 시간이 흐르면서 이런 유착관계에 균열이 생기기 시작했다. 그 갈등의 핵은 정부의 종교차별에 대한 보수진영의 반발이었다.⁷⁶⁾ 사실, 이명박 정부의 종교편향에 대한 저항은 불교계에서 먼저 시작되었다. 이명박 정부의 출범 후, 불교계는 정부, 지방자치단체, 공무원 등에 의해 불교에 대한 종교차별이 발생했다며, 2008년 8월 27일에 서울시청 광장에서 '범불교도대회'를 개최했던 것이다.⁷⁷⁾ 하지만 곧 개신교 보수진영에서도 '템플스테이 국고지원 문제'를 둘러싸고 정부와 마찰을 빚었다. 이런 갈등은 '전통문화보존'이라는 명목 하에 불교계에 지급되는 국고지원이 타종교들에 비해 압도적으로 많다는 사실

---

74) "李시장 '하나님께 서울 봉헌' 발언 물의," *Chosun.com* (2004. 7. 2) (http://news.chosun.com/svc/content_view/content_view.html?contid=200407027021). "李대통령 무릎기도 파장에 靑 진땀," *Chosun.com* (2011. 3. 4) (http://news.chosun.com/site/data/html_dir/2011/03/04/2011030402134.html).

75) "한기총, 4대강 살리기 사업에 대한 입장 발표," 『국민일보』(2010. 5. 25) (http://news.kukinews.com/article/view.asp?page=1&gCode=kmi&arcid=0003744352&cp=du).

76) 기독교와 관련된 종교차별논쟁에 대해서는 안국진 유요한, "한국 내 종교갈등 및 종교차별 상황 극복을 위한 제언"을 참조.

77) 불교계의 한 자료에 의하면, "이명박 정부 출범 이후 6개월간 모두 36건의 종교편향 사례가 발생했는데, 이는 김대중-노무현 정부 10년 동안 발생한 총 21건의 규모를 단숨에 뛰어넘는 것이었다." 정웅기, "범불교도대회의 배경과 성격," 『불교와 국가권력, 갈등과 상생』(종교평화를 위한 학술세미나 자료집, 2009), 197. 박수호, "종교정책을 통해 본 국가-종교간 관계: 한국불교를 중심으로," 473에서 재인용.

이 밝혀지면서 더욱 악화되었다.[78] 2011년에는 이슬람 채권법인 수쿠크법의 도입문제로 개신교 보수진영 내에서 강력한 비판이 터져 나왔다.[79] 개신교 진영은 이 채권이 이슬람 원리주의자들과 연계되어 있기 때문에, 테러를 부추기고 국내의 이슬람확산에 영향을 끼칠 것이라고 주장하며 이 법의 도입을 반대한 것이다. 특히, 조용기 목사는 "만일 이슬람 펀드에 정부가 동의를 하면 나는 영원히 대통령과 싸우겠다. 대통령을 당선시키려고 기독교인들에게 많은 노력을 한 것만큼 하야시키기 위해 싸우겠다."라고 발언하여, 이 논쟁에 기름을 부었다.[80] 최근에는 소위 "종자연" 문제로, 보수진영이 다시 한 번 종교차별문제를 제기하며 불교계와 정부를 향해 저항의 목소리를 높이고 있다. 종교편향 사례를 조사하는 프로젝트를 특정종교(불교)에게 위임한 정부의 결정이 정교분리를 위반한 종교차별의 사례이며, 종자연이 발표한 편향의 사례가 기독교에만 집중된 것도 기독교에 대한 부당한 공격이라고 반박한 것이다.[81] 이처럼, 이명박 정부의 초반과 후기에, 교회와 국가의 관계는 중요한 변화를 보였다.[82]

한편, 이 시기에 진보적 복음주의 진영은 두 가지 방향에서 저항운동을 지

---

78) "국정감사 자료에 따르면, 문화관광부가 최근 5년간 종교계에 지원한 예산은 984억원으로, 종교별 지출 내역은 불교에 147억 2,200만원, 개신교와 천주교를 합쳐 30억 5,100만원, 범종교계에 15억원 3,500만원, 유교에 41억 6,000만원, 민족종교에 5억 200만원이다." 강돈구, "현대 한국의 종교, 정치, 그리고 국가," 11.

79) "수쿠크법이 뭐길래… 정치 종교계 연일 논쟁," 『크리스천투데이』(2011. 2. 24) (http://www.christiantoday.co.kr/view.htm?id=244775)

80) 황세원, "조용기 목사 24일 이슬람채권(수쿠크)법 관련 발언 全文," 『국민일보』(2011. 2. 25). (http://news.kukinews.com/article/view.asp?page=1&gCode=kmi&arcid=0004680226&code=23111111). 그의 발언에 대해 선진당 이회창 대표가 공식적으로 반박하면서, 이 문제가 정치적으로 큰 파장을 일으켰다.

81) 류재광, "한기총 '유령단체 종자연이 기독교 탄압 주도'," 『크리스천투데이』(2012. 6. 19) (http://www.christiantoday.co.kr/view.htm?id=256426)

82) 종교문제를 둘러싼 이명박 정부와 기독교의 관계에 대해서는, 박명수, "정치와 종교: 한국과 미국 ; 이명박 정부시대의 정치와 종교: 불교와 기독교를 중심으로" 『성결교회와 신학』제27권 (2012): 42-77 참조.

속했다. 먼저, 이명박 정부에 대해서는 위에서 언급한 정부의 정책과 사회적 혼란에 대해 강력한 비판을 퍼부었다. 이 진영을 대표하는 언론 『복음과 상황』 과 『뉴스앤조이』는 정부의 광우병파동, 4대강 살리기 사업, 한미FTA 등에 반대하는 기사들을 실었다.[83] 이 점에서 진보적 복음주의는 주류 보수진영에서 이탈하여 KNCC로 대표되는 진보주의와 점점 더 가까워지는 것처럼 보인다. 또한 이 진영은 이명박 정부와 유착관계를 유지하고, 부패한 대형교회를 옹호하는 한기총을 해체하기 위한 운동에 뛰어들었으며, 보수인사들로 구성된 기독당에 반대하는 입장을 분명하게 밝혔다. 이 진영의 대표적 지도자인 손봉호 교수가 한기총해체운동을 주도하고 있으며,[84] 최근에는 개혁적 성향의 김동호 목사가 대형교회의 부자세습을 공개적으로 비판했다.[85] 또한 이들은 지난 총선에서 '친북좌파척결과 교회세금인하'를 공약으로 내걸며 전광훈 목사의 주도 하에 창당된 기독자유민주당(기독당)을 맹렬히 비판했다.[86] 특히, 새로운 목회를 지향

---

[83] "이명박 정권은 사탄적 정권이 되려 하는가-광우병 위험 미국산 쇠고기 수입에 대한 신학적 비판," NEWSNJOY(2008. 5. 14); "4대강 반대 4대 종단 단식 촛불 기도회," NEWSNJOY(2010. 9. 21); "1% 위한 한미 FTA 닥치고 폐기-'한미 FTA 폐기 안성시민한마당' 현장을 가다," NEWSNJOY(2012. 4. 2).

[84] "서울대학교 손봉호 명예교수가 한국 교회를 가리켜 '개신교 역사상 한국 교회만큼 타락한 교회는 없었다'고 정면 비판해 파문이 일고 있다. 국내 66개 교단과 19개 단체가 가입한 기독교연합체인 한국기독교총연합회(이하 한기총)에 대해서는 '해체되어야 한다'고 직격탄을 날렸다. 1990년대 초부터 기독교윤리실천운동을 이끌었던 손 교수는 시사주간지 『시사저널』과 인터뷰에서 '교회가 돈을 우상으로 섬기고 있다. 성경의 가르침과 너무 어긋난다'며 날선 비판을 쏟아냈다. 최근 잇따른 금권 선거 폭로로 위기에 봉착한 한기총 문제의 해결 방안을 묻는 질문에는 '개혁이 불가능하다'고 진단하며, '해체 운동에 나서겠다'고 공언했다." 『뉴스한국』(2011. 2. 25). (http://www.newshankuk.com/news/content.asp?news_idx=20110225152145n9382).

[85] "김동호 목사(높은뜻연합선교회)가 '목회 세습'과의 전쟁을 선포했다. 김 목사는 9월 17일 자신의 페이스북에 '교회가 세습하니 세상 사람들이 기독교를 북한 수준으로 생각한다'며 '세습이 일어나지 않는 분위기와 문화가 자리 잡을 때까지 소명감을 가지고 목회 세습 반대 운동을 할 것'이라는 의견을 올렸다." 이용필, "김동호 목사, 목회 세습과 전쟁 선포-'세습은 형평성 공정성 무너트리는 범죄' …반대 운동 펼칠 것," NEWSNJOY(2012. 9. 17).

[86] 구권효, "기독당 공약에 교계 인사들 '상대할 가치도 없다'-종북 좌파 척결, 교회 대출이자 2% 인하…손봉호 · 이만열 · 박득훈, '상식 이하 공약'," NEWSNJOY(2012. 4. 10) (http://www.

하는 젊은 목회자들의 모임인 '교회 2.0 목회자운동'은 성명을 발표하고, 기독당 창당을 중단하라고 촉구했다.[87] 이런 움직임을 고려할 때, 진보적 복음주의 진영은 한기총을 중심으로 한 개신교 보수주의 주류와 결별하고, 자신만의 독자노선을 구축하는 과정에 있는 것으로 보인다.

(4) 평가

이 시기에 가장 주목할 점은 보수적 개신교 진영에서 '정교분리'에 대한 종전의 입장을 공개적으로 변경한 것이다. 정권의 성격이 변함에 따라, 국가와 교회의 관계에 주목할 만한 변화가 발생했다. 무엇보다, 해방 후 50여 년 간 정치적 이념을 공유하면서 유지해온 정교유착이 김대중-노무현 정부의 출범과 함께 처음으로 깨어졌다. 이 시기에는 정부의 친북반미정책과 사학법개정 때문에, 정부와 교회 간에 극단적 갈등관계가 형성되었다. 더 이상 국가로부터 정치적 동질성을 발견할 수 없게 되자, 정교분리를 '교회의 정치참여 금지'로 해석하며 진보진영의 반정부활동을 비판하던 종전의 입장을 바꿔, 자신들이 공개적이고 적극적으로 반정부활동을 전개한 것이다. 반면, 정부의 정책과 교회의 기득권이 충돌하는 상황이 발생하자, 이번에는 정교분리를 내세워 정부정책을 강력히 비판했다. 이것은 지난 50년 간 정부로부터 각종 종교적 특혜를 받을 때, 이 문제를 정교분리와 상관없는 것으로 간주하던 태도와 상반된 반응이다.

---

newsnjoy.or.kr/news/articleView.html?idxno=37461).

[87] 이들은 성명에서 "다종교 사회에서 종교가 정당을 만들어 정치 세력화하면 화해와 일치의 매개가 되어야 할 종교가 오히려 갈등의 촉매제가 될 수 있다." "기독교 정당을 추진하는 분들이 각종 비리와 문제를 일으켜 먼저 하나님과 사람 앞에 죄악을 회개해야 할 분들이다." "추진하고 있는 기독교 정당이 표방하는 정치적 이념이 반성경적이며, 반민주적이다." "기독교 정당은 선교의 문을 막는다"란 이유들을 들어, 기독당의 창당을 반대했다. 성명서 전문은 http://newspower.co.kr/sub_read.html?uid=17840&section=sc4 에서 확인할 수 있다.

한편, 이명박 정부에서 정치적·이념적 동질성을 회복하자, 개신교 보수진영은 다시 정부와 밀월관계를 시작했다. 정부요직을 보수적 개신교인들이 거의 독식했으며, 정부의 위기상황에서 보수교회는 정권의 변함없는 지지 세력으로 기능했다. 하지만 이명박 정부가 타 종교, 특히 불교와 이슬람에 우호적 정책을 도입하자, 개신교 보수진영 내에서 종교편향, 종교차별, 정교분리 등을 내세워 정부의 정책을 비판하기 시작했다. 따라서 이 시기에 정부와 개신교 보수진영 사이에는 정치적 유착관계와 종교적 갈등관계가 부조화를 이루며 나타났고, 정교분리의 양태도 가변적이었다. 특히, 보수진영이 다시 내적으로 진보와 보수로 분열되면서, 보수진영과 정교분리의 문제는 보다 복잡한 향상을 보이게 되었다. 즉, 진보적 복음주의 진영혹은 복음주의 좌파은 신학적 측면에서 보수주의를 유지하지만, 정치사회적 측면에선 보수진영에서 이탈하여 진보진영에 근접하는 모습을 보이고 있기 때문이다.

IV. 글을 마치며

이상에서 분단 이후 한국사회에서 보수적 개신교와 정부 사이의 복잡한 관계를 '정교분리'란 개념을 통해 살펴보았다. 이제, 앞의 내용을 간단히 정리하고, 한국교회의 건강한 미래를 위해 몇 가지 고려할 사항들을 제안하고자 한다.

먼저, 개신교 보수진영은 기본적으로 정교분리를 '교회의 정치참여금지'로 이해했고, 국가권위에 복종하는 것을 원칙으로 삼았다. 하지만 이런 이해와 원칙은 국가와 교회가 정치적 입장을 공유하고, 국가가 교회를 후원하는 상황에서, 그리고 보수진영이 진보진영의 정치참여를 비판하거나, 자기 내부에서 감지된 반정부적 움직임을 억제하려는 경우에만 선별적으로 사용했다. 하지만 그런 경우에도, 보수진영은 다양한 방식으로 국가정책에 협조함으로써, 현실적으로 정치에 참여했다. 결국, 정부에 대한 비판적 참여에 대해선 정교분리를 내세워 공격했지만, 자신의 친정부적 참여에 대해선 정교분리를 적용하지 않았던 것이다. 하지만 상황이 바뀌어서, 보수진영이 국가의 정치적·종교적 정책을 용납할 수 없을 때는 예외 없이 국가에 저항했다. 이런 경우에, 정교분리에 대한 종전의 이해를 파기하고, 정교분리를 "국가의 종교문제 개입금지"로 해석하면서, 자신들의 반정부적 정치참여를 정당화했다. 즉, 개신교 보수진영은 국가와의 관계에 따라, 정교분리의 의미를 실용적으로 재해석하고 적용한 것이다. 따라서 개신교 보수진영이 일관되게 정교분리를 내세워 정치참여에 소극적이었다는 일군의 주장은 수정되어야 한다. 개신교 보수진영은 해방 이후 줄곧 적극적으로 정치에 참여했으며, 상황의 변화에 따라 정교분리를 재해석하거나, 자신의 입장을 변경해 왔을 뿐이다.

둘째, 개신교 보수진영은 "국가의 종교문제 개입금지"로서 정교분리를 매우 자의적으로 해석·적용해 왔다. 군정 이후 지금까지, 보수진영은 자신이 정부로부터 받은 특혜성 지원을 정교분리위반으로 간주한 적이 없었다. 오히려, 그런 지원을 확보하기 위해 국가와의 밀월관계를 유지하기 위해 분투했다. 하지만 정부의 종교정책이 자신의 기득권과 충돌하거나 훼손될 때는 예외 없이 국가가 종교차별이나 종교자유를 침해함으로써 정교분리를 위반했다고 거세게 비판했다. 노무현 정부가 사학법개정을 추진하여 개신교사학들의 운영에 간섭하거나, 정부가 불교 템플스테이를 국고에서 지원하거나 이슬람 스쿠크법 도입을 추진할 때, 그런 모습이 극명하게 드러났던 것이다. 결국, '국가의 종교문제 개입금지' 로서의 정교분리도, 개신교 보수진영은 보편적 차원의 공정한 시각보다는, 자신의 경제적·종교적 이익에 득이 되는가, 아니면 손해가 되는가에 따라 다르게 해석하고 적용했다.

셋째, 개신교 보수진영과 국가의 관계에 결정적 영향을 끼쳤던 요소들은 반공과 친미라는 정치이념과 종교자유라는 종교적 이해관계였다. 군정과 제1공화국, 군부정권과 이명박 정부 시절, 개신교 보수진영은 밀월관계를 유지했다. 반면, 김대중·노무현 정권과는 극단적인 대립관계를 형성했다. 최근에는 집권초기와 달리 이명박 정부와도 적잖은 갈등을 일으키고 있다. 그 모든 경우에, 밀월과 대립에서 발견되는 공통된 의제는 반공과 친미, 그리고 종교의 자유였다. 정부가 반공과 친미를 정권의 핵심정책으로 추진할 때, 보수진영은 적극적으로 정부를 지지했다. 동시에, 국가가 교회의 선교활동을 다각도로 지원할 때, 교회는 정부정책에 열정적으로 후원했다. 하지만 정부가 친북과 반미로 전향하거나 교회의 이권에 간섭했을 때, 보수진영은 가장 강력한 반정부세력으로 돌변했다. 이들에게 공산주의는 자유주의신학보다 위험하고, 미국은 천년왕국의 다른 이름이며, 시장경제와 자유민주주의는 성경과 예수의 궁극적 가르침으로 보일 정도다.

넷째, 최근에 개신교 보수진영이 보수와 진보 그룹으로 양분되고 있다. 87년을 기점으로 본격적으로 출현하기 시작한 소위 진보적 복음주의자들이 한기총을 중심으로 한 보수주의 주류의 행보에서 이탈했고, 최근에는 사안마다 한기총과 충돌을 반복하더니, 아예 한기총해체운동을 주도하기 시작한 것이다. 이 그룹은 신학적 보수주의를 견지하면서, 정치 사회적 측면에서 점점 더 진보적 색체를 강화하고 있다. 아직 주류그룹에 비해 양적 측면에서 열세에 놓여있지만, 그들의 영향은 계속 빠르게 성장하고 있다. 결국, 이들을 통해, 개신교 보수진영의 내용이 다양해지고, 정교분리에 대한 입장과 반응도 한층 더 복잡해지고 있다. 앞으로, 이들의 행보가 주목되는 이유다.

다섯째, 지난 60년간 개신교 보수진영과 국가 간의 관계형성에 영향을 끼친 것은 냉전체제였다. 분단으로 북에서 내려온 보수적 개신교인들이 한국사회에 정착하면서, 마침 남한사회를 점령한 미국과 그 영향 속에 탄생한 정권들의 영향 하에, 한국교회, 특히 개신교 보수진영은 반공과 친미를 자신의 가장 중요한 정체성으로 내재화했다. 공산주의에 의해 교회와 재산을 빼앗겼다는 피해의식과 남한에서 북한출신으로 살아야 했던 위기의식은 반공·친미정권과 유착하도록 이끌었던 강력한 심리적 기제였고, 세계유일의 분단국가라는 현실과 우방으로서 미국의 지속적 후원은 미국의 제국적 폭력과 독재정권의 폭정에 맹목적으로 면죄부를 부여했던 정치적 환경이었다. 그 속에서 개신교 보수진영은 경이적인 성장을 경험하며 막대한 경제적, 종교적, 그리고 정치적 힘을 지닌 거대종교가 되었다. 하지만, 최근에 과도한 세속화·정치화의 부정적 징후가 뚜렷하게 노출되면서, 종교적·사회적 위상이 빠르게 추락하는 위기상황에 직면했다. 결국, 분단체제는 개신교 보수진영의 성장을 가능케 한 '하늘이 내린 기회'였으나, 최근에는 성장의 발목을 잡고 존재마저 위협하는 '사망의 몸'으로 기능하고 있는 것 같다.

끝으로, 한기총해체운동은 특정이념 및 정권과 과도히 유착되었던 개신교 보수진영이 당면한 한계와 위기의 극단적 표현으로 보인다. 사실, 반공과 친미는 해방 후 한국교회 전체가 선택할 수 있었던 유일한 답이었다. 냉전체제가 강화되면서, 북한출신 중심의 보수교회는 다른 답을 상상할 수 없었다. 그래서 그들은 반공과 친미의 선봉에 섰고, 민주화와 통일운동에 저항했다. 분배 대신 성장을, 평등 대신 자유를 옹호할 수밖에 없었다. 그래서 몸집은 커졌지만 정신은 병약해졌고, 배는 부르지만 영혼은 굶주림에 시달리게 되었다. 결국, 냉전체제가 지속되는 한, 개신교 보수진영의 미래는 매우 불투명하다. 즉, 분단체제의 극복과 교회개혁의 실현은 공동운명이란 뜻이다. 분단체제 속에서 보수교회는 예수의 정신을 실현할 수 없다. 생존을 위해 냉전이데올로기에 집착할 수밖에 없기 때문이다. 냉전체제와 교회타락의 운명적 관계를 깨달을 때, 그리고 "창조적 긴장관계"[88]라는 정교분리의 진정한 의미를 인식할 때, 비로소 개신교 보수진영은 이념대신 복음을, 미국대신 하나님나라를, 자본대신 성령을 의지하게 될 것이다. 바로 거기서부터, 교회개혁, 민족통일, 민주화, 그리고 세계평화를 향한 대장정의 막이 오를 것이다.

---

[88] "한국적 상황에서 교회와 국가의 관계는 창조적 긴장관계이어야 한다. 정부가 국민들로부터 위임받은 권력을 오용하여 가난한 자와 없고 소외된 자들을 억압할 때 그리고 헌법의 뜻과는 다르게 국민을 통치할 때, 그때 교회는 정부가 정의를 실행하도록 선지자적인 비판 사명을 감당해야 할 것이다." 김수찬, "미군정과 제1공화국 하에서 한국교회와 정교분리 원칙," 127. 로버트 벨라는 정치와 종교의 관계를 긴밀한 통합, 정교분리, 지나친 분리, 창조적 긴장으로 구분하고, '창조적 긴장'을 가장 바람직한 관계로 이해했다. 로버트 벨라, 『사회변동의 상징구조』, 박영신 역 (서울: 삼영사, 1981) 참조.

4장

교회와 정치
한국 복음주의 교회의 기독교정치론

김동춘
기독연구원 느헤미야 연구위원
국제신학대학원대학교 조직신학 교수

교회와 정치
한국 복음주의 교회의 기독교정치론

김동춘

1. 보수교회의 기독교정치관: 교회와 정치의 이분법

왜 보수교회는 정치에 무관심했는가?

한국 보수교회의 정치적 태도는 교회의 정치참여를 원칙적으로 반대해 왔다. 그렇다면 그들은 왜 교회를 정치로부터 분리시키려 했는가? 그 이면에는 아마도 터툴리아누스의 유명한 신학적 반문, 즉 "아테네와 예루살렘이 무슨 상관이 있는가?"를 교회와 정치의 관계에 동일하게 연결하여 "교회와 정치는 무슨 상관이 있는가?"라는 명제로 응답하지 않았을까 생각한다.

1) 성경과 정치의 분리: 비정치적으로 읽는 성경

교회와 정치를 이분법적으로 분리하여 사고하면서 교회의 정치참여를 원칙적으로 반대하는 대다수 보수 근본주의 교회는 성경을 비정치적으로 읽으려고 부단히 노력한다. 그들이 성경을 읽는 관점에는 교회의 선교의 본질은 정치가 아니라 영혼구원에 있으며, 사회변화는 구조악의 개혁이 아니라 개인 심령의 회개와 사회속에 거듭난 신자들의 증가를 통해 자연적으로 실현된다는 논리로부터 출발한다.

보수교회는 성경 전체를 죄로 타락한 세상을 위한 예수 그리스도의 십자가 구속이라는 구속사적 관점에서 읽으려 한다. 그러므로 출애굽 사건은 억눌린 자들의 정치-경제적 해방과 자유의 사건이 아니라 장차 올 그리스도의 구속을 예표하는 본문으로만 설교하고자 한다.[1] 구약의 예언서에 담긴 예리한 종교비판과 사회비판이 함축된 본문들은 도무지 핑계할 수 없는 정치적인 설교에 해당하는 본문임에도, 보수교회는 그 본문의 의미를 종교적 차원의 영적 배교와 개인윤리의 본문우상숭배, 안식일준수, 성적부도덕으로 축소 해석한다. 예수님의 나사렛 개막 설교눅4:18-19의 경우 예수의 메시야적 복음운동이 사회-경제적이며 정치적 차원을 함축하고 있다고 설교하지 않고, 영해주의적 맥락에서 비정치적인 본문으로 해석하려 한다. "하나님 나라는 볼 수 있게 임하는 것이 아니요, 또 여기 있다, 저기 있다 할 것이 아니라, 하나님 나라는 너희안에 있느니라"눅17:20~21는 본문을 가지고 하나님나라는 현실속에 임하는 나라가 아니라, 심령의 나라요, 영적인 나라로서, 어디까지나 개인과 교회속에서 실현되는 것이라고 해석한다. 빌라도앞에서 "내 나라는 이 세상에 속한 것이 아니니라"[2]요18:36는 예수님의 말씀은 하나님나라가 세상나라와 전혀 무관한 나라이며, 그러니

---

1) 이에 반해 크리스토퍼 라이트는 출애굽 사건을 하나님의 구속 모델로 제시하면서 출애굽은 영적 차원의 구원만이 아니라, 사회적, 정치적, 경제적 차원의 구원을 포괄하고 있다고 지적한다. 크리스토퍼 라이트, 『하나님의 선교』, 한화룡 역, (서울: IVP, 2010), 335-364.
2) 이 말은 하나님의 나라가 이 세상과 관계가 없다는 말이 아니라, 하나님나라의 출처와 기원이 세상나라로부터 출발하지 않는다는 뜻이다. 월터 윙크는 이 본문을 "내 나라는 이 세상의 지배체제에 속한 것이 아니니라"고 바꿔 말할 수 있다고 말한다. 월터 윙크, 『사탄의 체제와 예수의 비폭력』, 한성수 역, (일산: 한국기독교연구소, 2004), 103.

교회는 세상에 속한 국가의 일이나 정치에 관여해서는 안된다는 증거본문으로 해석한다. 같은 맥락에서 "가이사의 것은 가이사에게, 하나님의 것은 하나님에게"마22:21라는 본문은 정교분리를 증빙하는 교과서적 본문으로 줄기차게 사용되어 왔고, 교회의 정치적 책임과 참여, 그리고 분명한 저항이 요구될 시점에서는 "위에 있는 권세에게 복종하라"는 로마서 13장을 사용하여 정부에 대한 무조건적인 순응과 협력을 뒷받침하는 본문으로 설교되었다.

보수교회는 이러한 성경본문을 근거로 정교분리를 정당화해 왔다. 그러나 성경을 정치와 무관하게 읽는 일, 그러니까 성경을 '비정치적으로 읽는 것'은 사실상 불가능할 정도로 성경은 너무도 '정치적인' 책이다. 성경을 정치와 분리하여 읽을 때, 복음과 정치, 그리스도교 신앙과 정치는 무관한 것이 되고 만다. '복음과 정치는 별개'라는 이원론은 영육 이원론과 성속 이원론이 가져다 준 해악처럼 그리스도교 신앙을 비정치적으로 만들어 버렸다. 그러나 성경 어디에도 정치적 맥락context없는 본문text은 존재하지도 않거니와 성경 자체가 정치적 본문이다.

2) 복음과 정치의 이분법

보수교회와 보수 기독교인들의 사고속에는 복음과 정치를 무관한 것으로 간주하는 이분법이 존재한다. 그러나 복음은 정치적 차원을 함축하고 있다. 복음은 하나님의 정의에 반하는 세계질서에 대한 근본적인 전복이며, 철저한 혁명성을 담지하고 있다. 많은 보수교회들은 복음을 개인의 안녕과 평온한 삶을 보장하는 안전판으로, 그리고 저 천국에서 누릴 영원한 복락의 복음으로 축소시켰다. 보수교회는 복음과 성경을 정치적으로 해석하는 것은 순수해야 할 복음을 세속적인 복음 메시지로 둔갑시키는 것이라고 강변한다. 그러나 복음을 비정치적으로 해석하는 것이 복음을 세속화시키는 것이 아니라 정치적 의미로 해석되어야 할 복음을 탈정치화하는 관점이 오히려 복음의 본질에 근접하지 못하게 한다.

    복음을 정치적으로 해석하는 것은 복음의 정치적 차원을 탐색하는 것이며, 복음의 정치적 의미와 해석을 이끌어 내고자 하는 것이며, 궁극적으로는 그리스도교의 복음이 정치와 어떤 상관성이 있는가를 묻고자 하는 것이다. 그것은 결코 '복음의 정치화'를 꾀함으로써 복음이 정치의 수단이나 도구로 전락되는 것을 의미하는 것은 아니다.

    정말 복음은 정치와 아무 상관없는 것인가? 많은 보수교회는 정치는 단지 권력획득의 문제요, 권력의지에 관한 문제라고 생각한다. 그렇다. 그러나 분명한 것은 정치야말로 권력을 분점하는 정치적 이해집단의 타협과 조정을 통해 실현되는 정의와 사랑의 이성적 실천행위이다. 사실상 정치야말로 사랑의 효율적 실천을 위해, 그리고 사랑의 구조적 실행에 가장 효과적인 도구가 된다. 그러므로 정치는 제도적인 이웃사랑이다. 정치는 개인을 향한 동정심에 발로한 감상적 사랑의 차원을 넘어 인간사회의 제도와 법적 구조속에서 보여지는 이웃사랑의 구현이 될 수 있다. 정치적 사랑은 이웃사랑의 효과적인 방법이며 수단이 된다. 그러므로 정치적 선택은 그 자체가 사회적 약자계층과 희생자들, 소외되고, 주변화된 이웃에 대한 그리스도인의 사랑의 실천 행위가 된다.

    그런 점에서 기독교신앙을 단순히 사적인 개인의 천국행의 문제이거나 평안과 행복에 관한 것으로 한정시켜 버린다면, 그것이야 말로 인간의 불행을 초래하는 구조악과 인간들이 처한 고통과 이웃이 겪고 있는 아픔과 안녕치 못한 삶의 현실을 외면하는 이기적인 신앙인으로 전락하게 만들 것이다. 정상적인 기독교인이라면 "네 아우 아벨이 어디있느냐"창4:9라고 물으시면서 무고하게 죽은 아벨을 찾으시는 하나님의 음성에 귀기울여야 하고, 강도만난 자를 외면하고 지나쳤던 자들을 향해 비판하면서 "너도 가서 이와 같이 하라"눅10:37라고 하신 말씀과, "지극히 작은 자 하나에게 한 것이 곧 내게 한 것이니라"마25:40라는 사회적 약자 편에 서서 그들을 보살피며, 연대했던 사람들에게 그리스도가 현존하고 계시다는 성경 메시지에 귀 기울어야 한다. 정말 복음적인 신앙인라면, 제대로 된 성경적 그리스도인은 내 이웃의 안녕, 즉 사회적 안녕에 관심을 가지지 않을 수 없다.

물론 복음과 정치는 각각 그 나름의 고유한 기능과 역할이 부여되어 있다. 복음은 죄가 초래한 타락, 곧 뒤틀리고 비정상적이며 왜곡되어 하나님의 창조계획으로부터 멀어진 인간과 세계를 향해 하나님께서 선사하시는 은혜의 구원의 길이라면, 정치는 무질서, 양극화, 불균형으로 망가진 인간사회의 구조와 체제를 교정하고 혁신하기 위한 합목적적 선의지이며 행위들이다.

그러므로 복음과 정치를 무차별적으로 동일시하는 것도 문제지만, 반대로 양자를 '아테네와 예루살렘이 무슨 상관이 있는가?' 라는 방식으로 배타적이며, 상충적으로 이해하는 것도 심각한 결과를 초래한다. 복음과 정치를 설명함에 있어서 '복음은 영원한 천국에서 인간의 영혼구원을 목표로 하는 것이며, 정치는 지상적 국가안에서 인간의 복지구현을 목표로 하는 것' 이라는 대응명제는 충분한 설명이 아니다. 왜냐하면 예수 그리스도의 복음도 사실은 영혼과 내면질서만이 아닌 질병으로 고통받는 육체적 건강과 복지적 행복권을 증진하는데 관심을 두기 때문이다. 사실상 복음이 겨냥하는 것은 죄가 초래한 구조악, 폭력, 억압으로 뒤틀린 세상을 교정하는 정치적 목표와 다를 바 없다. 우리는 정치적 힘과 권력과 결탁한 세속주의적 복음이것은 복음을 정치화한다도 경계해야 하지만, 복음을 정치로부터 격리시키는 이원론적 복음이것은 복음과 정치를 양극화시킨다의 폐해도 주의해야 한다.

3) 교회와 정치는 별개라는 사고

(1). 정치와 신앙은 별개이다?

보수교회가 정치참여에 대해 소극적인 태도를 보이는 첫 번째 이유는 정치와 신앙은 아무런 상관이 없다는 이분법적 사고에 기인한다. 신앙생활은 저 천국에서의 영혼의 구원과 이 땅에서 내면의 평안을 위해 존재하는 것이므로, 세속의 일을 다루는 정치와는 무관하다는 생각이다. 여전히 많은 그리스도들은 정치는 세속적인 것이며, 신앙은 영적인 거룩을 추구하는 것이므로 서로 별개의 영역이라고 생각하는 경향이 있다. 또한 교리적으로 훈련된 보수 그리스도인들은 인간의 전적 부패교리를 오해하여 인간은 도덕적으로 무능하므로, 정치적 노력으로는 죄에 빠진 빠진 세상을 바꿀 수 있다는 생각은 인본주의적 사고라고 간주한다. 그리하여 그리스도교 신앙의 목표를 사적 개인의 구원과 심령의 평안과 행복에 둠으로써 '신앙의 사사화' privatization of faith를 당연하게 생각한다. 이처럼 정치와 신앙을 별개의 두 영역으로 사고하는 이분법적 사고는 교회의 정치참여를 회피하게 만들어 버린다. 일반적으로 정치적 행위는 정치적 전략을 설정하고 정치적 목표달성을 위해 인간의 자유의지를 최대한 발휘하여 정치권력을 장악하여 정치적 구현이 가능하다고 생각하는 반면, 신앙행위는 모든 인간사를 하나님께 전적으로 위탁하여 그 분의 뜻에 맡기면서 말씀과 기도, 그리고 예배와 전도에 전력한다고 이해함으로써 정치와 신앙의 두 영역은 전혀 별개의 분야라고 간주하려고 한다.

(2). 교회의 선교적 과제는 정치적 책임이 아닌 복음화라는 사고

대다수 보수교회는 교회의 선교적 과제는 영혼구제에 있으므로 교회의 책무는 오직 세속사를 초월하여 구세사救世事와 관련한 영적인 직무에 있으며, 정치는 인간의 지상적 삶의 안녕과 관련한 세속사世俗事에 속한 것으로 그것은 주로 국가의 영역에 해당하는 것이라 본다.

이러한 보수 기독교의 이분법적 선교관은 교회의 정치참여를 어렵게 만든다. 그들에 의하면, 교회의 선교사명은 정치참여에 있지 않고, 영혼구원과 복음전도에 있다고 생각한다. 보수적인 복음주의 교회는 복음의 선포, 영혼구원, 교회의 확장을 선교적 사명으로 이해한다. 교회의 선교의 최우선 과제는 복음화이다. 그런데 그들의 복음화 개념에는 정의, 평화, 인간화, 복지 등 수평적이고 사회적인 차원은 포함되어 있지 않다. 복음화는 하나님과 인간사이의 수직적이고 종교적 차원의 문제라고 본다. 따라서 정치도 복음화되어야 할 영역이라거나 선교의 영역이라고 사고하지 않는다.

복음주의 교회가 교회의 정치적 책임이나 정치참여에 반대하는 신학적 이유로는, 첫째, 구조선 신학life boat theology으로 세상은 불타고 있으며 사람들의 영혼은 살려 달라 외치는데, 사회정의, 복지, 인권의 문제를 정치적으로 논하거나 실현할 시간이 없으므로 죄 가운데 죽어가는 영혼을 지체없이 구원하는 일이 가장 급선무라는 것이다.[3] 둘째, 종말론적 비관주의를 신봉하여 창조세계를 긍정하기보다 세상의 타락의 심각성 때문에 도피적 신앙을 강조하고, 재림신앙으

---

3) Paul Marshall, 천국만이 내 집은 아닙니다, 김재영 역, (서울: IVP, 2000), 47. J. R. W. Stott, 현대기독교선교, 김명혁 역, (서울: 성광, 1981), 17.

로 세상은 멸망할 것이라는 세계멸절annihilatio mundi의 종말론을 신봉하기 때문이다. 따라서 인간 사회의 개선이나 변혁에 무관심할 수 밖에 없다. 셋째, 영육 이원론과 성속 이원론이다. 복음주의자들은 자주 '영원한 구원이 인간적 복지보다 훨씬 중요하다'라고 말한다. 이런 논리 때문에 교회의 책임은 사회정의, 인권, 빈곤 등 정치적 사안과 무관하다고 믿는다. 그들에게 영원한 구원과 현재적 복지는 서로 상관이 없으며, 구원과 사회정의 역시 초월적인 것과 현세적인 것, 영적인 것과 사회적인 것은 별개의 문제라고 생각한다.

(3). 신앙은 사적이다: 공적 신앙의 결핍

근본주의 혹은 복음주의 신앙에서 가장 치명적인 한계는 신앙의 사사화私事化에 있다. 사유화된 신앙, 즉 사적 신앙private faith은 신앙의 목표를 내면의 위로와 평안에 둔다. 사적 신앙은 내적 자아의 심령주의에 있거나 현세적 삶에서의 행복과 형통, 번영을 추구하는 세속주의적 물질주의에 빠진다. 이들에게 정치적 기도회나 정치적 성경읽기는 아주 생소한 경험이다.

그들은 '교회는 구원기관이다'라는 협소한 사고의 연장으로, '종교는 사적인 것이다'라는 신앙논리를 표명한다. 그런데 여기에는 교회와 국가의 절묘한 분업논리가 깔려있다. 교회는 영혼구원을 담당하며, 국가는 세속세계의 보존과 유지를 담당한다. 이 때 교회의 역할은 구원기능에 머물러 있게 하여 교회의 책임영역을 현실의 과제로부터 분리시키도록 한다. 그러나 교회의 구원사명은 영혼의 구원에 제한되지 않으며 인간의 복지와 삶 전체를 포함한다. 기독교 신앙은 영혼구원이나 자기만족의 긍정의 힘이나 야베스의 축복만이 아니라 인간 사회의 정치, 경제, 문화, 환경 등 삶 전체를 하나님의 통치에로 이끌어내는 전포괄적 공적 기능을 지니고 있다.

4) 오직 신앙주의가 초래한 정치 허무주의

교회의 정치에 대한 소극적 태도는 정치 혐오증과 정치적 냉소주의에 기인한다. 대체로 그리스도인들은 다음과 같은 방식으로 기독교 정치관을 피력한다.

"세상 정치는 인간에게 궁극적인 희망을 줄 수 없다. 특정한 정치 지도자나 정치이념을 절대적으로 신봉하는 것은 일종의 우상숭배이며 정치 이데올로기화를 초래한다. 그리스도인은 하나님께서 다스리는 정치, 즉 '하나님의 정치' politics of God만을 소망하며 '인간의 정치'로는 죄악된 세상을 근본적으로 치유하거나 구제할 수 없으므로 인간의 정치에 희망이나 기대를 거는 것은 헛될 뿐이다. 오직 예수만이 세상의 유일한 소망이며, 복음만이 인간 사회의 고통과 행복을 해결하는 유일한 해답이다. 따라서 정치적 권력에 의지하여 인간 사회를 개선하려는 희망은 헛된 노력에 불과한 것이다.
무엇보다 교회는 정치적 기관이 아니라 구원기관institution of salvation이므로, 정치는 교회의 일이 아니라 국가와 정부의 소관이다. 하나님은 정치적 역할을 위해 국가의 권세자와 권위를 부여하셨으므로 교회는 기존의 모든 권세를 하나님이 세우신 신적 질서로 받아들이고, 그 권세에 순복하면서, 사회의 평안을 위해 국가에 협력해야 한다. 국가를 위해 교회가 할 일은 다만 세움받은 위정자를 위해 기도할 뿐이다."[4]

이와 같이 세상속에서 그리스도의 왕적 통치를 희망하는 그리스도인들은 세상 정치를 상대화하거나 무효화하려 한다. 그들은 교회가 세속 정치에 모든

---
4) 이 인용문은 필자가 작성한 글을 인용문 형태로 사용하였다.

것을 기대하는 순간 자칫 정치권력의 우상화의 위험성을 초래한다고 경고하기도 한다. 그러나 이러한 사고에는 정치 허무주의나 정치 무용론의 위험이 있다. 정치가 인간을 위한 모든 희망의 대체물이 될 수 없지만, 그래도 정치는 인간사회의 여러 가지 차원에 심대한 영향을 미친다. 물론 섣부른 정치적 메시야니즘은 경계할 부분이다. 그러나 인간 사회가 정치적 프레임에 의해 운영되고 진행되고 있는 한, 인간 삶의 행복과 비참, 그리고 인간의 존엄성과 인간다운 삶을 보장하는 거의 대부분의 원천은 정치로부터 파생된다.

2. 보수교회의 기독교정치: 정교분리와 정교유착의 이중논리

1) 정교분리는 정치에 대한 교회의 이중논리였다

한국교회가 보여준 정치에 대한 첫 번째 입장은 교회와 정치, 혹은 신앙과 정치를 분리하려는 이원론적 태도였다. 이러한 프레임에 근거하여 교회는 정치와 무관하다는 사고에 따라 정치 혐오증과 정치 냉소주의를 표명함으로써 정치에 대해 소극적 태도를 유지해 왔다. 교회의 정치에 대한 태도로서 두 번째 입장은 정교분리 원칙을 빌미로 한 교묘한 정치유착의 방식이었다. 교회는 표면적으로는 정교분리를 내세웠지만, 오히려 그들은 은폐적으로 정치에 참여하면서 교회와 정치를 넘나드는 이중성의 태도를 취하기도 했다. 여기서 교회의 이중성의 태도란 한편으로는 정교분리라는 미명아래 교회는 정치에 관여할 수 없다는 태도를 보이면서도, 다른 한편으로는 정치유착을 위해 직, 간접적으로는 정치에 관여하는 태도를 말한다.

따라서 정치에 대한 한국교회의 태도는 한 마디로 '정교분리' 政敎分離와 '정교유착' 政敎癒着 사이를 넘나드는 이중적 방식이었다. 한국교회의 정치적 태도에 있어서 핵심 고리는 정교분리the separation of religion and politics라는 원리였으나, 이 원리는 정치적 상황에 따라 편의적으로 해석되었으며, 교회의 곤혹스런 처지를 변호하는 빌미로 작용하였다. 박정희 유신시대나 전두환, 노태우 군부정권 시대에 보수 기독교 목회자와 교계 지도자들은 정권 태동의 부당성이라든가 독재적이며 비민주적인 통치방식에 대해 정부와 정권을 향해 비판적인 고발이나 예언자적 발언을 하지 않았으며, 독재시대에 민주화 운동에 투신했던 지식인들과 진보적인 신학자와 목사들, 그리고 수많은 젊은 대학생들이 폭압적인 방식으로 감시와 탄압과 고문과 투옥을 당하고 학교로부터 해직과 제적을 당했을 때도 정권의 피해자들을 향해 어떠한 지지 표명이나 연대적인 움직임을 보인 적이 없었다.

보수 교회는 자신들이 정치참여에 관여하지 않는 이유를 정교분리 원칙 때문이라고 변명했지만, 실제로는 선거과정에서 정부 여당에 대한 암묵적 지지를 적극적으로 표방했고, 유신정권과 군사정권이 출범할 때도 정권 인수의 절차적 불법성에 대해 어떠한 비판적 발언도 하지 않았으며, 오히려 그러한 정권을 국가의 안정과 번영을 위해 하나님께서 세우신 권세라고 축복하며 지지하는 기도회를 개최함으로써 사실상 명백한 정치유착의 모습을 보여주었다.

그러므로 정치에 대한 한국교회의 태도는 매우 이중적이었다. 교회가 정치에 적극 개입할 시점에는 칼빈주의 전통의 '그리스도 왕적 통치론'을 들이대면서 정치도 하나님의 통치영역에 포함된다고 천명했다가, 교회가 정치적 책임을 외면하려고 할 때는 루터의 '두 왕국론'을 내세워 교회와 정치는 분리되어야 한다는 논리를 펼치기도 했다. 많은 경우 정교분리론은 교회의 정치유착을 정당화하도록 만들어 준 은폐된 구실로 작용한 논리였다.

2) 정교분리와 정치유착의 이중성의 이유: 보수교회에 적실한 정치신학은 부재했고, 정교분리 원칙은 너무 옹색했다.

70년대의 유신시대와 80년대의 군사정부 시대에 진보 에큐메니칼 기독교 progressive-ecumenical christianity가 왕성한 정치참여 활동을 전개했던 모습과 대조적으로 보수 복음주의 기독교conservative-evangelical christianity는 거의 정치참여에 뛰어 들지 않았다. 그러한 배경에는 신학적 원인이 작용했다. 진보 에큐메니칼 진영은 60년대 이후 등장하기 시작한 정치신학, 세속화신학, 하나님의 선교론, 해방신학과 민중신학을 힘입은 결과 교회의 사회참여를 뒷받침할만한 신학적, 이론적 지반을 보유하고 있었다. 반면, 보수 기독교는 이러한 진보신학의 흐름을 '급진신학' radical theology으로 간주하면서 그러한 신학적 경향에 대해 견고한 방어벽을 치고 있었기 때문에 보수신학의 입장에서 사회참여에 투신할만한 신학적 근거를 마련할 수 없었던 것이 보수교회의 정치참여의 빈곤 원인이라고 말할 수 있다. 당시의 신학의 경향은 진보와 보수간의 냉전적 대립이 매우 뚜렷했다. 무엇보다 교회의 선교적 본질과 과제에 대해 보수-진보교회사이의 입장차이에 극명한 대립이 형성되었다. 진보 에큐메니칼 진영은 교회의 선교적 과제를 역사속의 구원salvation in history과 사회-정치적 해방socio-political liberation, 그리고 사회선교social mission에 중점을 두었는데, 이러한 에큐메니칼 선교는 '인간화' humanization로 요약되었다. 반대로 보수 복음주의 진영은 교회의 선교적 사명을 개인구원과 교회성장, 그리고 지리적으로 확장하는 선교에 초점을 두었으므로, 그들의 선교를 '복음화' evangelization로 요약하였다. 보수교회는 사회 속의 선교mission in society라든가, 정치적 선교political mission [5], 혹은 정치적 성화political

---

[5] 복음주의 관점에서 정치선교(political mission), 또는 정치전도(political evangelism)에 관한 것으로는, 리차드 마우, 『정치전도』, 이정석 역, (서울: 나비, 1988).

sanctification에 관한 신학적 사고를 전혀 할 수 없었다. 보수교회의 입장에서 교회의 정치참여를 신학적으로 뒷받침할만한 어떠한 신학적 지지대가 존재하지 않았다. 더구나 보수교회는 전반적으로 반공 이데올로기로 무장하고 있었으며, W.C.C 찬반 대결로 인한 교단분열의 결과 사회참여에 적극적인 W.C.C를 용공 좌경운동의 진원지로 간주하고 있던 터라 정치참여 자체를 매우 급진적인 신학에 물든 위험한 발상이라고 이해하였다.

결국 보수교회가 사회변혁과 관련한 정치참여에 관여할 수 없었던 이유는 그들의 신학적 사고안에 역사와 사회현실, 그리고 구조악의 문제를 신학적으로 접목할만한 연결고리가 존재하지 않았다는 점, 특히 보수주의자들에게 사회복음의 신학Theology for Social Gospel은 자유주의 신학의 대표적인 전형으로 각인된 결과, 복음의 사회적 차원이나 사회적 선교, 그리고 개인구원을 넘어서는 사회구원에 등에 대해서는 유독 거부감이 강했으며 이를 터부시했다는 점을 지적할 수 있다. 또한 그들의 사회적 관점도 무시할 수 없는 요소인데, 그들안에 강고하게 형성된 반공주의 이념적 사고, 그리고 사회의 변화는 복음전도를 통해 회심한 개인에 의해 가능하다는 순진한 기능주의적 사회관이 중첩되어 나타난 불가피한 결과였다고 할 수 있다.

3) 보수교회의 정치신학은 없었지만 교회의 정치유착은 있었다.

그러나 간과하지 말아야 할 것은 보수교회 내부에 사회참여적 신학이 빈곤했다 하여, 또한 그들이 정치적 시위나 대정부 발언, 그리고 민주화 운동에 적극적으로 참여하지 않았다 하여 보수교회가 전혀 정치참여를 하지 않았다는 것은 섣부른 단정이다. 70년대 유신정권과 80년대 군사정권의 통치기에 보수교회는 독재권력의 전횡과 정치적 압제에 항거해야 할 상황에서 정교분리라는 이름

아래 비민주적 정권에 대한 비호와 후원을 암묵적으로 행사하였다. 사실상 그 것은 정교분리가 본래 의미하는 본 뜻을 오용한 것이며, 오히려 그것을 빌미로 한 정교유착이었던 것이다. 교회가 불의한 권력앞에 신앙양심과 보편이성에 근거하여 발언하고 비판하지 않는다는 것 자체가 하나님의 정의로운 정치에 위반하고 있음을 반증하는 것이다. 교회가 사회속에 실존하는 한 정치적 중립지대는 존재하지 않는다.

그런 점에서 교회가 반정치적antipolitical이거나 무정치적인apolitical 것은 사실상 불가능한 일이다. 모든 교회는 교회에서의 설교와 선포에서, 공적 기도에서, 그리고 목회자의 발언을 통해 정치적 입장을 표명하기 마련이다. 모든 인간이 정치적이듯, 모든 교회 역시 특정한 정치적 자리와 정치적 실존속에 존재하기 때문이다. 현존하는 정치권력을 옹호하거나 거부하든지 어떤 방식으로든 교회는 둘중의 한 편을 정치적으로 편드는 행위를 할 수 밖에 없다. 이제 결론은 이렇다. 진보 에큐메니칼 교회는 사회변화를 목표로 적극적인 의미의 정치참여에 힘썼다면, 보수 복음주의 교회는 정교분리라는 미명아래 자신들의 정치적 역할과 책임을 회피하면서도, 기존의 정권과 정치질서를 옹호하고 지지함으로써 정교분리와 정교유착이라는 이중성의 태도를 보였다고 말할 수 있다.

3) 개신교 기독교정치의 새로운 현상으로서 종교정치[6]: 기독교정치세력화에 의한 세속주의 기독교정치의 출현

1. 한국교회의 기독교정치의 새로운 이슈: 근본주의 기독교의 정치세력화

한국 보수 기독교가 보여주었던 교회의 정치적 태도는 다음과 같이 변화 과

---

[6] '종교정치'의 개념에 대해, 강인철, 『한국의 종교, 정치, 국가: 1945-2012』, (수원: 한신대학출판부, 2013), 207-232.

정을 거쳤다고 정리할 수 있다.

   1. 교회와 정치의 원칙적인 분리: 원리적 정교분리
   2. 정교분리와 정치유착: 이중적인 정치참여
   3. 종교정치에 의한 세속주의적 기독교정치: 적극적인 정치참여

한국교회의 정치에 대한 일차적인 태도표명은 원칙적으로 교회와 정치는 분리되어야 한다는 원리적 정교분리론의 입장이었다면, 두 번째 방식은 원리적으로는 정교분리를 표방하면서 사실상 보수정당과 기존 정치 권력과 긴밀한 유착관계를 형성했다는 점에서 이중적인 정치참여의 태도를 보였다고 할 수 있다. 그러나 최근 보수교회는 정치적 사안에 있어서 소극적이며 애매한 태도를 내던지고, 정치의 광장에 전면에 등장했다는 점은 보수 기독교 혹은 근본주의 기독교의 태도에 엄청난 변화 현상이라고 할 수 있다. 이것은 87년 민주화 체제의 보수 기독교에 나타난 두드러진 현상으로 보수교회가 노골적으로 자신들의 보수적 정치이념을 공공연히 드러내면서 현실정치에 적극 개입하고, 그들이 지지하지 않는 정권에 대해서는 정권퇴진운동 등의 저항적 태도를 취하면서 분명한 정치참여적 태도를 보여주기 시작했다.

그런데 80년대 중반 이후 보수 기독교의 정치참여는 두 갈래 흐름으로 표출되었다. 하나는 학원선교단체, 학문, 의료, 법조 등 영역별 복음주의 단체들에 의해 형성된 개혁적 복음주의 진영의 정치참여 운동과 보수교회를 기반으로 하면서 한기총을 비롯한 근본주의 보수 기독교의 정치참여 움직임이 바로 그것이다. 전자의 개혁적 복음주의 그룹은 넓은 의미의 복음주의 신학에 기반하여 하나님 나라 사상과 성경의 사회변혁 원리를 근간으로 하는 합리적 사회개혁 그룹

이라면, 후자의 보수 근본주의 정치참여 그룹은 신학적으로 근본주의 성향을 띠면서 주로 대형교회에 물적인 기반을 두면서 기독교의 정치세력화를 목표로 하는 경향을 보여주고 있다.[7]

여기서 우리는 근본주의 보수 기독교의 맹렬한 정치참여와 정권유착의 움직임을 주목하여 살펴보려고 한다. 근본주의 보수 기독교는 급속한 교회성장기를 거치면서 지난날 보수교회의 정교분리와 정교유착의 이중논리의 수준을 뛰어 넘어 87년 민주화 이후 김영삼, 김대중, 노무현 정부를 거치면서 원색적인 보수이념을 기반으로 우리 사회의 언론, 정치, 기업, 국방 등의 보수세력과 긴밀하게 연대하는 방식으로 분명한 하나의 기독교 정치세력으로 등장하기 시작했다.

한국 민주화 체제 이전의 보수기독교는 독재정권과 은밀한 결탁하여 직간접적인 협력과 지지를 표명하면서 정치참여에 개입했다면, 절차적 민주화 시기 이후부터는 보수 정당의 권력쟁취를 위해 전면으로 나서 대통령 당선을 위해 활동하거나, 특히 장로 대통령 만들기에 앞장서면서 보수이념에 기반한 기독교 정치세력을 분명하게 실해하기 시작했다.[8] 더 나아가 보수 근본주의 기독교 그룹은 대북 지원정책과 관련한 남북문제라든가 급식논쟁을 중심으로 하는 보편적 복지정책, 그리고 사학법 개정에 대해 보수교회들의 종북좌파 논쟁과 함께 시위를 주동하기도 하면서 보수언론의 '애국적 기독교'의 궐기론을 지지하면서 정권반대 투쟁에 앞장서기도 했다.

---

7) 이에 대한 분석으로는, 김동춘, "기독교사회형성론의 관점에서 본 기독교정치", 「복음과 윤리」, 제10권(2013) 99-139.
8) 이러한 현상으로 인해 김진홍, 서경석 등의 기독교 뉴라이트 진영은 보수정당 후보를 지지하는 운동을 전개하거나 장로 대통령 만들기에 앞장서기도 했고, 근본주의 기독교 그룹은 기독교국가를 표방하는 '기독당'을 결성하였다.

따라서 이제는 교회의 정치참여를 논함에 있어서 〈진보 에큐미니칼 기독교=정치참여〉, 〈보수 근본주의 기독교=정교분리〉라는 옛 프레임은 더 이상 최근의 현상을 반영하지 못하므로 타당한 분석틀이 될 수 없다. 이제 보수 근본주의 기독교 역시 기독교적 정치참여의 한 집단으로 평가되어야 한다. 보수 기독교를 정교분리라는 옛 프레임으로는 설명할 길이 없다는 점을 인식해야 한다. 그들도 보수 정치이념을 우리 사회에 견고하게 보존하고 확산시키려고, 친미 반공주의를 부르짖으며 사회적 약자 편보다는 기득권층의 이해관계에 충실한 법안과 제도를 적극 지지하고, 이를 위해 '구국九國의 결단' 이라든가 '나라사랑'의 이름으로 수구적인 보수 정치세력을 지탱하는데 유력한 영향력있는 집단으로 등장하고 있다. 보수이념과 보수정치세력의 유지와 확산을 위해 그들은 국회조찬기도회를 활용하면서, 지역사회에서 성시화운동에 참여하고 있고, 자신들의 정치참여의 정당성을 로잔언약과 아브라함 카이퍼의 신칼빈주의와 칼빈의 제네바에서의 성시화 실험에 두기도 한다. 교회의 정치참여는 이제 더 이상 에큐메니칼 기독교의 전유물이 아니며, 개혁적 복음주의 진영의 특권도 아니게 되었다.

2. 정치화된 보수 기독교: 정치세력화된 종교권력

보수 기독교가 정치참여에 대해 보다 적극적인 행보를 보이기 시작한 배경에는, 첫째, 사회 전반의 변화에 원인이 있다고 할 수 있는데, 87년 민주화 운동을 계기로 사회전반에 냉전적 반공주의 이념이 퇴색되면서, 정치적 유연성과 정치적 다원주의 사고가 확산되었다는 점, 그리고 사회 전반의 민주화의 흐름으로 인해 보수 복음주의권에서도 교회의 사회적 책임에 대한 반성이 일어나게 되었다는 점을 지적할 수 있다.

둘째, 보수기독교의 급격한 물량적 숫적 성장으로 인한 종교 권력화를 꼽을 수 있다. 진보 에큐메니칼 교회는 교회의 선교활동을 주로 민주화, 인권, 사회정의, 통일과 같은 사회선교 분야에 치중한 결과 교세의 양적 성장이 점차 둔화하면서 진보 기독교의 인적, 물적 기반이 약화된 반면, 보수 복음주의 기독교는 폭발적인 전도활동으로 엄청난 교세확장을 가져왔으며, 그 결과 보수 교회 목회자들과 교계지도자들의 대對사회 정치적 발언이 빈번해지기 시작했다. 주일강단에서 교인들을 향해 공공연하게 친미 반공주의 설교를 일삼으면서 우리 사회에서 좌파를 척결해야 한다고 서슴지 않고 주장하면서 균등한 복지정책이나 부자증세 정책 등을 사회안정을 해치는 불안세력의 책동으로 주장하면서 보수 이념적 설교를 반복하는 주요 인물들은 예외없이 대형교회 목회자들이라는 사실이 이를 반증해 준다.

셋째, 보수 기독교의 이념적 보수화를 들 수 있다. 진보 에큐메니칼 교회의 위상의 약화에 비해 상대적으로 인적, 물적 영향력의 확대를 보유하고 있던 보수 기독교는 자신들의 친미 반공주의 이념을 보다 분명하게 표출하기 시작했다. 사회주의 이념의 퇴조와 함께 신자유주의의 부상과 더불어 한국사회는 더욱 더 빈부 양극화가 심화되어 굴절된 자본주의 체제가 뿌리내리게 되었다. 사회적 불평등의 심화, 정규, 비정규직 고용형태의 확장, 사회적 신분적 시스템의 고착화, 그리고 좌우 이념 대결 상황에서 보수 기독교는 자신들의 정치적 계급성을 분명하게 표명하면서 기존사회질서를 수구적으로 강화하는 방향으로 몰아가기 시작했다.

넷째는 한국 기독교 전반에 나타난 '신앙의 사사화' privatization of faith 현상이 더 뿌리 깊게 내면화되었다는 것을 지적할 수 있다. 더구나 사적 신앙private faith은 물화적 신앙materialistic faith과 결합하였다. 바야흐로 한국사회는 초월과 내재로 구분되는 이원론적 세계관으로 구축된 사회로부터 세속화된 사회secularized society로 이동한 이후 한국기독교의 신앙의식은 정의, 평등, 연대성과 같은 진보적 가치보다 개인의 성공, 형통, 행복, 자아긍정을 중시하는 번영신앙으로 흘러가게 되면서, 기독교 신앙의 경향이 자아중심적인 나르시시즘으로 빠지면서 신앙의 사사화 현상이 굳어지고 있다. 이러한 신앙구조는 그리스도인의 공적 책임을 중시하는 교회의 정치참여를 외면하게 하였고, 기독교 신앙은 개인의 사적인 이익과 이해에 충실히 봉사하는 기능으로 퇴색되고 말았다.

따라서 이제 한국교회의 정치참여를 언급할 때, 기존의 분류방식의 틀에 대해 분명하게 정리가 필요한 시점이 되었다. 오늘날 교회의 정치참여는 보수 교회와 진보 교회를 구분짓는 바로미터가 아니다. 정치참여를 표방했던 에큐메니칼이든 정교분리를 빌미로 교회의 정치참여를 반대했던 복음주의이든 이제는 교회의 정치참여 자체는 문제되지 않는 상황이 되었다. 따라서 오늘의 한국교회에게 '교회는 정치에 참여할 수 있느냐'의 문제가 아니라 '어떤 정치참여를 하고 있는가'를 물어야 할 시점이 되었다. 교회의 정치참여의 여부가 문제의 본질이 아니라 정치참여의 방식과 내용이 무엇인가를 질문해야 할 시점에 와 있는 것이다.

II. 개신교 기독교정치론의 유형과 논점들
1. 개신교 근본주의의 신정국가적 기독교정치론[9]

기독교 공동체가 희구하는 가장 이상적인 정치체제는 하나님의 정치God's Politics, 즉 하나님의 주권이 전면적으로 실현되어, 단일한 신적 정치원리가 현실

---

9) 이 부분은 졸고, "기독교사회형성론의 관점에서 본 정치", 「복음과 윤리」, 10권(2013)의 내용에서 많은 부분을 수정, 보완한 것이다.

국가위에 구현되는 신정정치적 실현이라고 할 수 있다. 성경적 원리에 입각하여 하나님의 통치가 현존하는 사회에 전면적으로 실현되기를 희망하는 이러한 신정주의적 정치신학은 성경의 정치-경제원리가 현실사회와 정치원리로 문자 그대로 적용되기를 희망하는 성경주의적 기독교정치론이라고 할 수 있다.

주로 개신교 근본주의 그룹에서 발견되는 신정국가적 기독교정치론은 성경의 원리를 현실정치에 문자 그대로 대입하여 성경적 국가의 구성과 성경적 사회의 형성을 꾀하는 시도이다. 성경주의적 정치론은 현실사회와 국가위에 성경적인 사회, 혹은 성경적인 국가건립을 정치적 이상으로 사고하면서 전개하는 입장이다.

성경의 원리를 사회구성의 규범으로 설정하여 기독교국가 혹은 기독교사회를 구현하려는 시도는 근본주의적 신정국가론에서 두드러지게 발견된다. 그런데 근본주의는 상황context보다 본문text을 절대 우선시 한다. 근본주의는 성경본문을 시대상황과 문화, 동시대성에 적합하도록 조율하고 재구성하기보다 격리된 채로 사용한다. 그리하여 근본주의는 성경본문과 상황사이에 놓인 시대적이고, 문화적 간격, 그리고 성경본문이 의미하는 맥락을 무시하고 이를 문자적으로 대입하는 경향이 강하므로 '성경문자주의' biblicism를 무비판적으로 사용하는 경향이 있다.[10] 그런 연유로 근본주의적 기독교정치는 현대사회에 실존하는 국가와 정치제도에 대한 맥락적 이해를 고려하지 않은 채 성경시대의 정치, 특히 구약성경에서 발견되는 하나님말씀에 의한 직접적 통치로서 정치, 즉 신탁에 의한 신정정치를 현실정치안에서 구현하려고 한다. 그러나 기독교 근본주의

---

10) 성경문자주의(biblicism)의 문제점과 바른 성경사용에 대해, J. Douma, 『개혁주의 윤리학』, 신원하 역, (서울: CLC, 1997), 60-65, 49-60, 65-74. J. Barr, Fundamentalism, (Philadelphia: The Westminster Press, 1978), 40-55. 한역, 『근본주의』, 장일선 역, (서울: 대한기독교서회, 1984), 48-64.

에서 정치란 정치적 타협과 중재, 민주적 협의에 의한 정치적 목적과 이념의 구현에 있기 보다 정치영역에서 기독교적 신앙고백을 명시적으로 표명하는 정치이거나 또는 기독교 세력에 의해 주도되는 정치를 말한다.

1). 기독당의 신정국가적 기독교정치론

이런 유형에 근접하는 근본주의 기독교정치론으로는 최근 몇 년 사이 한국 개신교 내부에서 등장하기 시작한 기독사랑실천당^{약칭: 기독당}을 대표적인 사례로 지목할 수 있다. 기독당은 한국개신교 보수 우파적 정치성향을 지닌 근본주의 성향의 목회자중심의 정당으로 정당의 비전을 "기독교정신 국가"[11]로 내걸고 있으며, 강령으로는 "신본주의와 신정국가를 지향하는 정당"[12]을 표방하고 있다는 점에서 한국기독교정치사에 출현한 가장 대표적인 신정주의적 기독교정치 유형이라고 평가할 수 있다.

2). 성시화운동의 신정국가적 기독교정치론

이미 오래전부터 개신교 근본주의 목회자들의 설교 메시지에는 미국을 선민 이스라엘처럼 신의 선택에 세워진 지상 신국神國이라는 사고를 무차별적으로 설파하고 있었다. 그들은 미국은 하나님이 세우신 기독교국가이며, 신의 은총으로 부와 번영을 부여받은 지상의 하나님나라라고 강조했다. 이러한 맥락의 기원은 건국 이후 서구적 근대화 개발과 발전의 모형적 모체를 기독교국가인 미

---

[11] 기독당은 3대 비전을 다음과 같이 표방하고 있다. 1). 사랑의 기독교정신 국가, 2). 자유시장경제 민주주의 국가, 3). 화해와 나눔의 복지사회 국가.
[12] 기독당의 6대 강령으로는, 1). 신본주의와 신정국가를 지향하는 정당, 2). 평화적인 남북통일국가를 추진하는 정당, 3). 영성자유민주주의 도덕국가 지향의 정당, 4). 정보과학적인 시장경제체제의 정당, 5). 나눔의 복지사회국가를 지향하는 정당, 6). 세계 영적인 지도 국가를 지향하는 정당.

국으로 인식하였기 때문에 가능하였다. 서구적 근대화의 이식기요 모방기였던 당시에 그것의 전달통로요, 첨병역할을 떠맡게 된 기독교 세력은 거의 대부분 미국으로부터 구원의 복음을 수용했고 그들로부터 한국사회의 미래의 희망을 발견했다고 할 수 있었다. 이제 대한민국이라는 국가의 진보와 발전을 위해 미국이란 국가는 항구적으로 닮아가야 할 모방욕망이요, 이상국가로 체득되기에 이르렀다. 대다수 보수 개신교 그룹이 유럽적 국가모델이 아닌 친미자본주의를 하나님나라에 상응하는 이상국가로 사고했던 데에는 이러한 역사적 전이과정이 있었던 것이다. 이처럼 미국을 하나님나라로 대입하여 사고한 결과가 한국의 보수기독교의 정치적 인식과 태도를 결정짓는 표준적인 요인으로 작동하였다고 할 수 있다. 여기서 우리는 이 점에 대한 분석이 필요하다. 하나님나라는 변혁적 기독교 그룹에서도 기독교정치론의 주요동인으로 차용되었지만, 보수 근본주의 그룹에서 지극히 왜곡된 인식의 틀로도 사용되었다는 것이다. 김진홍목사에 의한 뉴라이트적 작업도 신정국가적 정치론으로 하나님나라 사고를 대입한 것이었다. 따라서 여하한 하나님나라의 신학적 사고를 무비판적으로 환영하는 것은 순진한 것이다. 한국 개신교 근본주의의 신정국가론은 '기독교적 미국' christian america [13])의 한국적 재현이라고 할 수 있겠다.

  김준곤목사에 의해 일기 시작한 성시화운동은 칼빈의 제네바 성시화 운동을 원형으로 삼고, 아브라함 카이퍼의 모토인 "삶의 전 영역에 하나님의 주권의 실현"을 내세우고 있다. 성시화운동의 신학적 근거에는 하나님의 주권과 통치의 실현이라는 신학적 기점이 있다. 그러나 이 역시 하나님나라를 지상국가에 문자적으로 대입하려는 사고가 깃들어 있다.

---

13) 민종기, 『한국정치신학과 정치윤리』, (서울: KIATS, 2012), 149-151.

3). 김진홍목사의 신정국가적 기독교정치론

여기서 또 다른 신정국가적 정치유형으로 김진홍목사의 시도를 살펴 볼 필요가 있다. 김진홍목사는 청계천 넝마주이 시절에는 빈민계층과 연대하는 민중교회적 성향을 띠었지만, 남양만 두레공동체 시절에는 성경적 원리에 기초한 대안공동체를 추구했다. 그는 이 시점에는 성경적 경세론經世論을 근거로 하는 대안적 사회건설을 구축할 수 있다는 강력한 확신을 표명했다. 그러나 구리두레교회를 통해 하나의 대형교회요, 제도교회형태로 자리잡은 후반기에는 더 이상 대안운동이 아닌 한국사회의 정치권력의 교체에 직접적으로 개입하여 활동한 바 있다.

어떤 의미에서 김진홍목사는 희년원리를 국가의 경제원리로 대입함으로써 근본주의 기독교정치의 유형이 아니라 개혁적 복음주의 그룹과 맥을 같이하는 측면이 있다. 그러나 보수 우파적 뉴라이트 운동에서 보여지듯 맹목적인 미국추종발언, 보수이념의 기독교인사를 대통령으로 옹립하려는 시도 등에서 신정국가적 정치지향성을 노골적으로 드러내고 있다. 다시 말해 김진홍목사의 지난 시대의 기독교정치관의 근간에 희년법의 실현, 대안공동체적 사회형성과 같은 성경적 경제원리와 사회변혁적 성향을 보여주고는 있으나, 종래에 그가 보인 정치적 성향으로는 친미 자본주의, 반공이데올로기, 보수 기득권층에 대한 절대적 옹호 등을 고려할 때 그는 분명 개신교 근본주의 정치유형으로 분류할 수 있는 측면이 농후하다는 것이다. 사실상 김진홍의 기독교정치론은 성서에 근거한 대안적 기독교정치라기보다 미국복음주의 진영에서 발견되는 근본주의적 정치참여의 행태와 너무 닮아있다. 최근 그가 보여주고 있는 기독교정치는 성서적 가르침이 추구하는 정의, 평화, 평등의 정치와는 너무나 동떨어진,

친미자본주의와 반공주의 이념으로 똘똘 뭉쳐있는, 가장 권력종교화된 기독교 정치로서 오직 힘있고 부강한 나라 미국을 향한 절대 의존 욕망이 깊이 투영된 세속종교적 정치의 특징을 고스란히 보여주고 있는 것이다.[14]

한국 개신교 근본주의에 나타난 다양한 형태의 기독교정치론은 다음과 같은 측면에서 비판되어야 할 것이다.

첫째, 근본주의가 말하는 기독교정치란 표면적으로는 성경적 원리를 사회 속에 문자적으로 구현하려 하지만, 실제로 그들의 정치철학은 성경이 표방하는 정치-경제적 원리인 정의, 공평, 평화와 같은 성경의 사회윤리를 내용적 원리로 삼기보다 오히려 냉전적 산물로서 반공이데올로기, 맹목적 친미적 태도, 천민자본주의, 사회의 기득권층의 이익을 대변하는 정치성향으로 극도의 보수 우파적 정치성향을 기반하고 있으면서, 정치참여의 궁극적 목표를 기독교 세력의 정치영역으로의 진출이나 기독교권의 정치권력의 쟁취에 초점을 두는 경향을 지닌다는 것을 발견하게 된다. 그리하여 성경적 원리를 정치적으로 구현하겠다는 이 입장은 성경이 지향하는 근본원리나 기독교 정신과 이념을 내용적으로 구현하기보다 단순히 형식적이며, 수사적 표어로 전락하고 만다. 말하자면, 성경적 정치나 성경적 사회는 내용원리가 되지 못하고 형식원리에 그치고 만다.

둘째, 근본주의 그룹의 신정국가적 정치론은 개개인의 신념과 이념, 가치관과 종교의 다양성을 수용하는 현대사회의 다원주의적 특성을 전혀 사고하지 않고, 자신들의 경화된 정치적 이념을 일방적으로 대입하려는 경향이 다분하다

---

14) Robert E. Webber, 『기독교사회운동』, 박승룡 역, (서울: 라브리, 1990), 116-121. 임희숙, 『기독교 근본주의와 교육』, (서울: 동연, 2010), 65-68.

는 것이다. 그들은 대부분 현대사회안에서 단일한 사회원리가 관통하기에는 상당한 어려움이 있다는 사회 일반의 인식이 상당 부분 결여되어 있다. 근본주의의 신정정치적 구상은 근대 이후의 교회와 국가의 영역의 분리와 기능적 분화가 현실화된 현대사회의 구조적 맥락이라든가, 다원주의 사회에서 특정 종교의 이념과 종교 원리를 현실정치안에서 단일한 원리나 이념으로 적용한다는 것이 어떤 갈등과 충돌을 초래할 것인지에 대한 인식의 기반이 거의 전무하다는 것이다. 오히려 이 그룹은 사회구조에 대한 맥락적 이해보다는 성경 문자주의적 에토스가 워낙 강렬하기 때문에 성경적 원리를 현실사회에 실재화해야 한다는 당위성과 성경적 사회를 구성할 수 있다는 가능성에 낙관적인 태도를 지니고 있다.

셋째, 근본주의적 기독교정치의 방식은 사회일반에서 통용되는 보편 이성과 합리성을 고려하지 않기 때문에 정치적 표현방식에 있어서 매우 투박함과 과격성을 드러낼 가능성이 높으며, 성경 본문과 상황, 하나님나라와 현실의 국가, 교회 안과 교회밖의 세상, 복음과 문화, 구원과 윤리적 삶, 신앙적 사고와 합리적 사고사이에 급격한 단절이 있기 때문에 기독교신앙의 내용을 현대사회와 문화의 틀안에 적절히 적용하는데 어려울 수 밖에 없다. 또한 근본주의 신학적 관점은 신관에 있어서 폭력적이며, 빈번하게 노출되는 성차별적 사고, 그리스도 왕국의 현재적 실현의 강력한 신봉 때문에 현실정치의 틀안에 안착하기에 어려움이 있다고 평가된다. 그러나 이러한 섣부른 평가는 근본주의 그룹의 정치참여에 대한 객관적인 신중하지 못한 평가이다. 현실국가와 사회안에서 신정주의적 정치를 실현하고자 하는 근본주의적 기독교정치의 시도는 역설적으로 가시적인 결과를 가져오고 있다. 다원주의 사고를 존중하는 똘레랑스적 정치가 명시적인 신앙고백을 양보하면서 기독교정치의 문자적 구현을 더디게 실현시키는 것에 비해, 전투적 방식을 통한 근본주의 기독교와 지성적 그룹의 움직임은 더 분명한 결과를 가져오고 있다는 점이다.

2. 개혁적 복음주의의 하나님나라 정치론:
사회 속의 하나님나라와 성서적 대안사회를 꿈꾼다.

성경주의적 기독교정치는 근본주의 그룹에서만 발견되는 것은 아니다. 성경적 원리를 정치-경제의 규범으로 설정하여 이를 통일한국이나 국가질서의 운영원리로 구현되기를 강력하게 희망하는 또 다른 흐름을 개신교 근본주의와 구별된 변혁적 복음주의 그룹에서 발견하게 된다. 특이한 것은 변혁적 복음주의권은 근본주의 진영이 자주 오류에 빠지는 무분별하면서 시대착오적인 신정정치적 성경사용을 비판하면서 기독교적 사회형성을 위해 '성경적' 주지motif를 강력하게 강조한다는 점이다. 이는 김교신의 '성서조선' 이나 이만열의 '성경 기독교' Bible Christianity에서 그 흔적들이 엿보이고 있으며, 사회실천적 범복음주의 진영이 '성서한국' 이라는 모토아래 모이고 있는 것이나, 한국교회의 통일운동을 '성서적 통일신학' [15]으로 규정한다거나, 교회의 정치참여를 '성서적 정치실천' 이란 이름으로 주저없이 사용하는 것은 변혁적 복음주의 그룹의 뚜렷한 성서주의적 경향성을 엿볼 수 있는 부분이기도 하다.

그런 점에서 복음주의 사회변혁 그룹은 구약성경의 '희년법' 원리와 신약성경의 '하나님나라' 원리를 공평과 정의, 샬롬의 사회실현을 위한 대안사회의 모티브로 설정하면서 이 두 원리를 기독교정치의 근거점으로 삼고 있다. 그러

---

15) 박정수, "성서적 통일신학-'통일선교신학'을 제안하며", 「신학과 선교」, 41권(2012), 서울신학대학교 기독교신학연구소, 237-278.

니까 복음주의 사회변혁그룹은 희년과 하나님나라와 같은 성서적 주요원리를 국가와 정치영역에 접목하여 이를 구현하려는 강력한 실천의지를 표명하고 있다는 점에서, 복음주의 기독교정치는 아직까지도 '책임윤리' 나 '해방윤리', 그리고 '공공신학' 이나 '공동선' 과 같은 본격적인 기독교윤리학의 담론과는 동떨어져 있는 채로, 여전히 '성서적 원리에 기반한 기독교정치론' 의 수준을 맴돌고 있다고 평가할 수 있다. 그러나 분명한 것은 '성서적' 이라는 원리만으로 기독교정치의 모든 현안과 질문에 대한 온전한 해답이 될 수 없다는 점을 인식할 필요가 있다.

1). 희년 원리를 기반으로 하는 변혁적 기독교정치론

'희년함께구 '성경적 토지정의를 위한 모임' 를 비롯하여 희년사회를 현실국가안에서 구현하려는 복음주의 단체들은 구약성경의 희년사상을 오늘의 자본주의 체제가 갖는 불평등한 사회구조를 대체할 대안사회의 개념으로 삼고 이를 정치, 경제의 영역에서 구체적으로 적용하기 위한 이론적, 실천적 노력을 시도하고 있다. 이들에게 희년은 성경적 정치·경제원리의 여러 원리중 하나의 본문이 아니라 그 자체가 성경이 표방하는 가장 근본적이면서, 혁명적인 사회적 프로그램이다.[16] 이 희년사상은 헨리 조지의 경제사상과 연결하여 자본주의 사회체제안에서 적용되어야 할 대안사회의 개념으로 사용되고 있다. 희년원리를 근간으로 기독교사회형성론 혹은 국가형성의 기본원리로 삼으려는 이 사회·경제 운동은 대천덕신부같은 기독교공동체운동의 차원이나 전강수 등의 일부 경제

---

[16] 김근주 외, 『희년, 한국사회, 하나님나라』, (서울: 홍성사, 2012), 전강수, "경제위기 극복을 위한 기독교적 대안-성경적 토지법과 헨리 조지 경제학의 기초하여", 「통합연구」 제11권 34호 (1998), 39-64. 김희권, "구약성서의 희년사상과 사회윤리적 함의", 「신학사상」 127호(2004 겨울), 131-166.

학자에 의한 학술적 차원에 그치고 있지 않고, 현직 정치인들 가운데서도 성경의 희년원리를 우리사회의 경제원리의 지침으로 적용하기 위한 법적, 제도적 제안들이 구체적으로 진행되고 있다. 희년사회를 위한 복음주의 그룹들은 희년이라는 성경본문을 사회형성론을 위한 핵심원리로 채택하여 그리스도인의 신앙과 삶의 핵심가치로 보급하고 있다는 점에서 분명히 성경주의적 기독교사회론 혹은 기독교정치론의 두드러진 유형으로 파악될 수 있다.

그러나 희년이라는 성경본문을 현대사회의 국가의 규범으로 설정할 수 있는가에 대한 질문도 제기되고 있다. 즉, "이 본문을 과연 모든 시대의 모든 사회가 따라야 할 하나님의 보편법으로 봐야 하는가"라고 질문하면서 이스라엘 시대에 제시된 구약의 실정법적 조항들이 보편적 적용성을 갖는 것은 아니므로 성경에 대한 자구적 해석에 근거한 소위 '성경적 경제학'을 수립하기는 윤리적 타당성을 획득하기가 어렵다는 것이다.[17]

2). 하나님나라 개념을 기반으로 하는 변혁적 기독교정치론

희년원리를 사회형성의 주요 본문으로 삼는 것에 동의하면서도 좀 더 포괄적인 복음주의 사회변혁 그룹에서는 하나님나라의 개념을 사회형성의 중심원리에 두는 관점이 형성되어 있다. 이들에게 하나님나라 개념은 현존하는 사회에 대응하는 대안개념이며, 대체개념으로 이해된다. 여기서 하나님나라는 불

---

[17] 이러한 주장에 대해, 이상원, "토지단일세는 성경적 제도인가": 대천덕의 '토지와 경제정의'에 대한 비판적 서평, 「목회와 신학」, 208호(2006, 10), 222-225. 전강수, "토지단일세는 성경적 경제제도인가에 대한 반론", 「목회와 신학」, 210호(2006, 12), 218-221, 이상원, "토지단일세론의 타당성에 대한 논증", 「목회와 신학」, 211호(2007, 1), 206-209. 이상원, "토지단일세론에 대한 재반론", 「목회와 신학」, 213호(2007, 3), 190-193, 전강수, "이상원 교수의 토지가치세 비판에 대한 반론", 「목회와 신학」, 212호(2007, 2), 198-201, 남기업, "성경적 부동산 정책은 무엇인가: 김승욱교수의 '기독교와 평등': 부동산 정책을 중심으로'에 대한 반론", 「목회와 신학」, 213호(2007, 3), 194-197.

의하고 부패하여 왜곡된 사회현실에 대립하는 일종의 대항개념으로 이해되거나, 끊임없이 점진적이고, 계속적으로 진보와 발전을 향해 나아가는 항상적 변혁 개념이면서, 미래의 종말론적 완성을 향해 진행되는 종말론적 개념이기도 하다. 여기서 중요한 것은 사회변혁을 위한 모티브로 사용되는 하나님나라 개념은 현실사회 혹은 현실국가와 대립, 상충의 개념이 되기도 하지만, 반대로 현실사회와 국가가 하나님나라의 특질을 구현해 가야 한다는 측면에서 유비개념으로 이해되고 있다는 점이다.

하나님나라 개념을 사회형성을 위한 근본개념으로 사고하는 흐름가운데 김회권의 성경읽기 관점이 가장 두드러지게 나타나고 있다. 하나님나라의 사회적 구체성은 구약의 희년법과 사회비판적인 예언자적 전통과 함께 그 절정으로 예수 그리스도의 하나님나라 운동에서 극명하게 보여지는데, 하나님나라는 모든 그리스도인들에게 요구되는 성경적 정치실천의 전범典範이 된다고 말한다.[18] 여기서 '하나님나라의 관점에서 읽는 성경' 이라는 모토가 상당히 명징적인 성서주의적 기독교정치의 관점을 보여주고 있다.

> '하나님나라 신학'으로 성경을 읽는다는 것은 …. 하나님의 다스림을 인생과 역사 속에 구현하신 예수 그리스도처럼 성경을 읽는 것을 의미한다. 그것은 공평과 정의를 이 땅에 실현하시려는 하나님 아버지의 목적과 의도에 자신을 결박하는 성경읽기이며, 성경과 기독교복음이 단지 교회와 그리스도인들만을 위한 선물이 아니라 온누리의 만민을 위한 선물임을 강조하는 성경 읽기이며, 기독교신앙의 공공성과 역사성을 부각시키고자 하는 성경읽기다. 성경에서 영혼구원의 원리만을 찾는 것이 아니라, 이 땅에서 벌어지는 정치, 경제, 국제관계

---

18) 김선욱 외, 『성서적 정치실천』 (서울: 프리칭아카데미, 2010), 138.

등의 공적 영역 속에 실현되어야 할 보편적인 성경적 진리와 가치를 찾아내어 그것을 뿌리내리게 하고 실현시키려는 성경 읽기다.[19]

여기서 하나님나라의 정치윤리적 의미는 칼 바르트의 '하나님명령형 윤리'[20]에 근거하고 있다. 불의한 죄로 물든 세상나라는 하나님의 심판앞에 위기상황가운데 있다. 하나님의 정의를 위한 신적 기관으로 세워지도록 그리스도인들은 불의하고 악마화된 국가의 변혁을 목표로 하나님의 통치가 전면적으로 실현되어야할 신적 명령에 순종해야 한다.

적어도 한국개신교 진영에서 기독교사회를 형성하려는 가장 분명한 흐름으로 바르트적 명령윤리와 하나님주권 윤리에 근거하여 '하나님나라' 라는 특정한 성경적 원리를 사회형성을 위한 거의 단일 규범으로 차용하고 있는 이 관점은 분명 성경주의적 기독교정치의 중요한 포착이라고 판단할 수 있다.

3). 개혁적 복음주의의 사회변혁적 기독교정치론에 대한 평가

1. 성서적 대안원리에 근거한 기독교정치론에 대한 평가

앞에서 살펴본 복음주의 변혁그룹의 희년사회, 하나님나라, 그리고 대안사회적 시도는 다음과 같은 측면에서 그 의미와 평가를 정리하고자 한다.

1) 희년이라는 성경적 단일원리를 현실국가안에 문자적으로 대입하려는 개혁주의 복음주의 그룹의 한 성경적용의 방법론은 근본주의가 신정주의 국가형성의 목적을 위해 성경본문을 맥락과 상관없이 적용하는 것과 어떤 차이가 있

---

19) 김회권, 『하나님나라 신학으로 읽는 사도행전1』, (서울: 복있는 사람들, 2007), 11.
20) K. Barth, *Ethics*, trans, Geoffrey W. Bromiley, (New York: The Seabury Press, 1981), 63-115. R. B. Hays, 『신약의 윤리적 비전』, 유승원 역, (서울: IVP, 2002), 352-359.

는가? 근본주의의 성경문자주의는 성경이해의 동시대성과 상황성의 고려없이 무차별적으로 이루어지는 것이라면, 사회변혁을 목적으로 하는 그룹의 성경의 선택적 차용은 바람직한가? 희년에 대한 성경본문사용에 비판적인 입장에 서 있는 사람들 역시 기본적으로는 기독교신앙과 복음의 방향은 정의와 공평, 평화에 근접한 것이라는 점을 동의하지만, 그럼에도 불구하고 희년이라는 단일한 성경원리가 한 사회와 국가의 절대적인 윤리적 규범으로 적용될 수 있는가에 대해 의문을 제기하고 있다는 점을 유의해야 한다.

2) 다원주의 사회에서 희년이라는 특정한 신앙고백적 원리가 세속국가안에서 보편적인 사회법칙으로 구현되는데 장애요인은 없는가? 이것 역시 근본주의 그룹이 현실사회에서 일방적인 신주권사회를 적용하려는 것과 어떤 차이가 있으며, 충돌의 여지는 없는가?

2. 하나님나라에 근거한 기독교정치론에 대한 평가

1) '하나님나라'에 근거한 기독교정치론을 신정국가적 정치유형으로 평가하는 것은 타당한 것인가? 분명한 것은 이 관점은 하나님나라를 사회속에 형성하고자 한다는 것이다. 말하자면 이 관점은 '하나님나라 사회형성론' 이다. 물론 종교사회주의 신학, 사회복음의 신학, 그리고 해방신학과 민중신학 역시 하나님나라를 중심 개념으로 삼는다. 그렇다고 하여 이것을 신정정치적 혹은 신정국가적 유형으로 규정하지 않는다. 그러나 한국 복음주의그룹에 있어서 에토스적으로 사용되고 있는 하나님나라는 거의 대부분 성서적 개념의 하나님나라론을 현실국가와 사회속에 직접적으로 구현하겠다는 의지를 담고있다는 점에서 신정국가적이며 원리주의적 경향성이 내재되어 있다고 말하지 않을 수 없

다.

2) '하나님나라'를 사용한다 하여 그러한 모든 관점을 맹목적으로 환영할 것은 아니라는 것이다. 근본주의그룹은 문자 그대로 하나님나라가 현존하는 국가안에 구현되어 신국적 사회를 건설하고자 하는 열광주의 경향이 있기 때문이다. 민중신학에도, 그리고 사회주의 사회형성을 열광했던 80년대 민중운동의 시대에도 거의 종말론적 차원의 하나님나라를 현실사회속에 내재할 것이라고 강력하게 낙관하면서 그날을 노래했던 것이다. 이러한 관점은 성서적 대안사회 형성을 꿈꾸는 하나님나라를 모토로 하는 복음주의 사회변혁그룹에도 마찬가지이다. 우파적 하나님나라 운동이 있고, 좌파적 하나님나라운동이 있다. 그러므로 그들이 말하는 하나님나라는 어떤 성격의 나라인가 질문을 던져야 한다. 말 그대로 기독교세계 혹은 기독교왕국corpus christianum의 구현을 말하는 것은 타당한 것이 아니기 때문이다.

3). 성서적 대안사회형성을 꿈꾸는 그룹에게 세상속의 하나님나라는 타당한 모토인가 고찰할 필요가 있다. 이제 이 개념을 비판적으로 고찰할 필요가 있다. 자유주의신학에서 하나님나라의 현재적 도래는 도덕적 개념이었다. 그들은 인간의 노력으로 사회속의 하나님나라의 실현을 낙관했다. 따라서 우리가 지향하는 하나님나라는 구체적으로 무엇을 하는 것인가? 만약 사회속의 하나님나라는 무엇이 어느 정도 실현되었을 때를 그 나라라고 말할 것인가? 하나님나라, 즉 하나님의 통치란 도덕적 특질인가 아니면 사회적 특질인가?

무엇보다 우리가 주목해야 할 것은 하나님나라는 이상적 모토를 제시하는 것과 그러한 이상사회가 구체화하는 것은 다른 문제라는 것이다. 그동안 복음주의그룹에서 하나님나라는 다분히 정치적 이상으로 개념화되고 있을 뿐 그것이 현실국가안에 어떤 방식으로 구현될 것인가에 대한 전략과 사회형성론적 방법론은 전혀 논의되지 않는다는 것이다. 정치적 담론으로 제시되는 하나님나라는 여전히 추상적이고 모호한 지향점이자 목표점처럼 소개되고 있다. 하나님나라의 국가형성에 대입을 위해 어떤 해석학적 연결작업이 필요하다. 하나님나라 담론그룹에서 아직 이러한 작업이 보여지지 않는다면, 그것은 여전히 정치적 이상주의 내지 유토피아니즘의 경향에 머물러 있다고 말해야 할 것이다.

4) 하나님나라는 말 그대로 세상속에 하나님의 주권과 통치의 실현을 말한다. 그렇다면, 이 나라는 다원화된 사회에서 어떤 방식으로 구현될 수 있는가 질문되어야 한다. 근본주의 그룹은 물론 변혁적 복음주의 그룹에서도 하나님나라의 전포괄적 통치와 다원주의의 관계에 대해 고민하지 않는다. 그만큼 오늘날 다양한 가치, 종교, 주장과 의견속에 살아가는 다원주의 사회에서 하나남나라의 구현은 어떻게 말할 수 있는가에 대해 고민해야 한다. 그런데 대부분 하나남나라 이미지는 폭력적으로 돌입하며, 급진적인 전복으로 땅위에 도래함을 강조한다. 이 점에 대한 충분한 설명이 필요하다.

5) 하나님나라의 정치 Politics of God's Kingdom 가 정치적 이상주의에 그치지 않으려면 하나님의 왕국과 현실의 왕국의 갈등과 공존을 설명하고 있는 두왕국론적 논의나 하나님나라와 제국에 관한 논의, '정사와 권세'에 대한 무수한 논의와 지배체제 domination system 로서 세상 등, 하나님나라와 세상나라의 대립對立, 대항對抗, 대조對照 개념이든지, 아니면 불가피한 병존개념으로서 세상, 국가, 제국에 대한 성찰이 동반되어야 하다. 그렇지 않는 하나님나라론에 근거한 정치

학은 그야말로 구름 위를 거니는 소요적逍遙的 정치신학이 되고 말 것이다. 이는 마치 해방신학이 하나님나라를 역사적으로 실현된 나라, 즉 역사화된 실재 historicalization of God's Kingdom로서 나라임을 강조하거나 J. Sobrino, 라가츠Leonhard Ragaz에 의한 종교사회주의Religious Socialism 운동이 하나님나라를 악마화되고 물신화된 자본주의의 대척개념으로 말하거나, 민중신학이 공公이 실현된 나라로 말하는 것과 유사하다.

3. 두 왕국론에 기초한 현실주의 기독교정치론

1. 두왕국론의 기독교정치론

한국 보수교회의 기독교정치론을 분석. 정리하기 위해서는 앞서 말한 근본주의 진영의 '신정정치적 기독교국가론' 이나 개혁적 복음주의 진영의 '하나님나라 정치론' 으로는 설명되지 않는 부분이 있다. 이들의 기독교정치론은 다분히 이상화된 기독교정치론에 가깝다고 평가할 수도 있으므로, 보다 현실주의 관점에서 전개된 기독교정치론의 실례들을 관찰할 필요가 있다. 그런 점에서 우리는 서구 기독교 정치윤리 역사에서 가장 두드러진 기독교정치이론으로서 루터파 전통의 두왕국론과 개혁파 전통의 그리스도 주권론그리스도 왕적통치설을 중심으로 분석할 필요가 있다.

두왕국론의 기독교정치론은 단지 종교개혁기의 정치윤리 이론에 불과한 주제가 아니다. 두왕국론은 지금도 한국교회의 기독교정치의 실천 양상에 그대로 반영되고 있는 이론적 틀이다. 두왕국론에 의하면, 그리스도인은 그리스도의 왕국과 세상왕국이라는 상반된 두 영역과 이중의 정부에서 실존한다. 여기서 그리스도의 왕국은 복음, 말씀, 은혜와 자비로 다스려지는 나라이고, 세상

왕국은 율법과 검, 즉 강제력, 심판으로 다스려 진다. 그리스도의 왕국은 산상수훈적 원리마5:25-에 의해 통치되는 나라이고, 세상 왕국은 롬13장의 원리에 의해 다스려 진다.

그런데 두왕국론에 의하면, 그리스도의 통치영역은 말씀과 복음, 은혜의 원리로 유지되는 종교적인 영역에 국한되며, 세상정부는 검과 강제력을 사용하도록 위임된 신적 위정자인 세속 군주의 통치의 자율에 맡겨져 있다. 리차드 니버의 그리스도-문화 유형론에 따르면 교회와 국가는 역설관계, 혹은 모순관계에 있다. 따라서 그리스도인은 '의인' 이지만 '죄인' simul justus et peccator이라는 역설안에서 동시에 살아가고 있으며, 구원받은 현재와 비구원의 불완전한 실존, 하나님과 악마사이, 그리스도의 왕국과 세상 왕국이라는 반정립의 세계를 동시에 살아간다.

이러한 논리적 구조에 따라 그리스도인은 한 편으로는 영적인 나라요, 신자들로만 구성되어 있는 나라이며, 그리스도의 통치가 실현되고 있는 나라이며, 산상수훈적 원리와 성례전이 지배하는 곳인 그리스도의 왕국에서 살아간다. 이 나라는 영생과 구원을 목적으로 진행되는 나라이다.

반면 세상 나라는 그리스도인과 비그리스도인 모두 속해 있는 나라이며, 세속 통치자가 통치하는 나라이다. 세상 나라는 죄의 세력이 발호하므로 산상수훈적 용서와 비폭력의 원리로는 그 나라의 유지와 통치가 불가능하다. 그래서 세상나라의 질서를 유지하기 위해 하나님은 검강제력을 사용할 것을 허락하신다. 하나님은 '하나님의 가면' larva Dei으로 세우신 세상 통치자를 통한 대행적 통치를 행하신다. 그리하여 그리스도는 세상왕국을 직접 통치하지 않으시므로 그리스도 공동체로 하여금 세상나라와 세속질서를 변혁하기 보다 현존하는 기존 질서를 보존하고 유지하는 정도에 그치게 한다.

루터의 두왕국적 사회형성론은 지상세계에 대한 교회의 적극적인 변혁보다는 두 왕국사이의 구분과 한계설정을 중시한다. 따라서 두 영역의 질서와 원리는 혼동되지 않고 구분되어야 한다. 그리스도는 말씀, 사랑, 성령, 성례전으로 세상나라를 다스리려고 하면 안된다. 그리스도는 세상영역을 침범해 들어올 수 없다. 세상나라는 세상나라의 권위자들에 의해 다스려지도록 허락된 자율적 영역에 속해 있다.

따라서 루터교 전통에서 기독교정치란 국가와 정치를 포함하는 전 삶의 영역에서 그리스도의 주권과 통치원리에 따라 세속질서와 사회구조를 새롭게 창조하는 변혁적 정치가 아니라 현존하는 사회질서를 하나님의 질서로 간주하여 그것을 유지, 보존하여 그 흐름에 순응하도록 한다는 점에서 숙명주의적이고, 묵종주의적 정치윤리를 초래했다는 문제점을 안고 있다.

2. 두왕국적 기독교정치론 다시 읽기

1) 하나님의 정치는 하나님나라와 세상나라 두 영역에서 다른 방식으로 진행된다.

이 세상에는 하나님나라만이 존립하지 않는다. 하나님은 세상나라도 세워가신다. 하나님나라가 세상나라보다 우월하며, 우선적이지만 그럼에도 하나님의 다스림은 두 나라를 동시에 공존하게 하시며 유지하고, 보존하게 하신다. 루터적 사고에 의하면 하나님나라는 지상세계에서 유일한 나라만이 아니다. 그리스도인은 하나님나라에 속한 제자만이 아니라 세상왕국의 시민이기도 하다. 그리스도인은 세상나라에서 신앙과 은혜와 복음의 원리에 의해서가 아니라 이성과 칼무력과 직임을 가지고 살아가면 된다. 두왕국론은 그리스도인으로 하여금 이 세상왕국에 속한 시민으로서 각자 부여받은 직임職任에 따라 살아가게 한다.

2) 두왕국적 사고는 한국교회의 정치윤리에서 너무 과소평가된 측면이 많다.

두왕국론은 교회와 국가의 기능적 구분을 하면서 이 둘이 뒤엉켜지고 혼합되지 않고 각각 고유한 기능과 목적에 따라 존립하도록 한다. 무엇보다 두왕국론에 따라 국가는 이제 하나님나라로부터 구분된 자율적인 이성의 나라로 파악된다. 두왕국적 정치론의 도식에 의해 이제 지상의 왕국을 하나님의 왕국으로 덮어버리겠다는 무모한 신정국가적 꿈을 제거하게 한다. 이제 그리스도께서 통치하시는 하나님의 나라는 신앙적으로 은혜에 의해 복음적 원리에 따라 다스려지지만, 세상 직임자들에 의해 위탁된 자율의 나라인 세상나라는 이성에 의해, 칼의 사용을 통해 유지, 보존되어야 한다. 그런 점에서 두왕국론에 와서야 비로소 '정치적 이성'의 출현이 시작된다. 세계안에서 하나님의 정치, 즉 하나님의 신정神政이란 다분히 추상적이고 원리주의적인 방식처럼 하나님의 직접적인 다스리심에 의해 이루어지는 것이 아니라 인간 각자에게 부여된 직임에 따라 위임된 방식으로 간접적으로 이루어지며, 여기서 인간의 정치적 이성이 사용되어진다. 이성의 빛은 하나님의 특별한 은혜인 신앙의 빛과는 다른 것이지만, 모든 인간에게 보편적으로 부여된 선물로서 하나님의 통치의 다른 방편이 된다.

3) 두왕국론은 교회와 국가의 공존과 보존과 유지를 위한 통찰력을 제공하였지만, 국가에 대한 기독교정치의 적극적인 측면을 제시하지는 못했다. 한국 현대사에서 국가에 대한 교회의 정치적 태도는 거의 무의식적으로 두왕국론의 정치원리를 가장 왜곡된 방식으로 적용한 결과라고 할 수 있다. 보수교회는 폭력과 불법적인 방식으로 탈취한 독재정권이 등장할 때도 부당한 정권획득과 통

치행위에 대해 예언자적 비판과 합리적인 정치행위를 하도록 견제하는 역할을 포기한 채 그러한 정치권력을 하나님의 섭리가운데 세워진 권세로 찬양하고 협력하는 순응주의적 태도를 보여주었다. 특히 정권에 대한 순응주의적 태도는 장로교 교회지도자들가운데 두드러졌는데, 그들은 정작 원리적으로는 그리스도 왕적 통치론을 신학적 배경으로 하면서도, 실천적으로는 불의한 현실정치를 방관하는 오도된 두왕국적 사고를 했다는 점이다. 또한 보수교회는 현존하는 정권의 체제에 순응, 협력한 댓가로 국가로부터 무형, 유형의 특혜를 보장받기도 했고, 사회내에서 교회의 특권적 지위를 보장받았다고 할 수 있다.

4. 그리스도 주권론에 기초한 세계형성적 기독교정치론

1. 그리스도 주권론에 기초한 기독교정치론

두왕국론의 정치론은 루터파 신학전통에서 발현된 기독교 정치신학의 원리라면, '그리스도 왕적 통치론', 즉 그리스도 주권론은 칼빈주의 혹은 개혁신학 전통에서 생성된 기독교정치론이다. 이 이론에 따르면, 하나님나라와 세상나라, 교회와 국가는 기능적 측면에서 구별은 필요하지만, 그렇다고 그리스도는 영적이며, 종교영역만을 통치하시고, 세속영역을 자율로 방임하지 않는다. 그리스도는 두 영역 전체를 통치하시는 주권자이다. 그러므로 국가와 정치영역도 그리스도의 주재권아래 두어야 한다. 여기서 국가와 정치영역은 그리스도의 통치로부터 제외된 자율의 나라가 아니다. 신칼빈주의 신학자 아브라함 카이퍼의 말처럼 한 치라도 "이것이 내 것이다" 할만큼 그리스도의 통치에서 벗어난 곳은 없다. 따라서 국가와 정치 영역 전체가 그리스도의 주권아래 변혁되어야 한다. 그리스도는 교회의 주님만이 아니라 온 세계의 주권자이시다.

이 기독교정치론은 승리자 그리스도론에 근거하고 있다. 그리스도는 전 세계를 구속하셨다. 그리스도의 구속은 개인적일 뿐 아니라 우주적이다. 그래서 칼빈은 "전세계가 그리스도의 나라에 속하며 그리스도께 구속받았고 그리스도의 승리가 모든 나라들 어디서나 곧 드러나게 될 것" [21]이라고 말한다. 그리스도의 통치는 창조세계 전체에 미치므로, 그 어떤 것도 하나님의 주권와 통치아래 벗어나 있을 수 없다. 뿐만 아니라 그리스도의 구속은 개인적, 영적 구속만이 아니라 만물의 구속이다. 정확히 말해 그리스도의 구속은 만물의 회복이요 만유갱신의 구속이다. 그러므로 개인만 구속되는 것으로 멈추지 않고, '문화의 구속' 과 '구조의 구속', 그리고 '정치의 구속' 도 실현된다고 말한다. 세계 전체에 미치는 그리스도의 통치로 인해 정치영역도 구속으로부터 제외되지 않는다. 그리스도 통치의 보편성 때문에 국가와 정치, 그리고 삶의 영역 전체에 까지 하나님의 주권적 통치를 확신하므로, 개인의 성화만이 아니라 정치적 성화political sanctification [22]까지 확장시킨다.

개혁파 전통의 그리스도 주권론을 분명하게 표현한 것은 바르멘신학선언서Theological Declaration of Barmen로서 "예수 그리스도는 … 우리의 전 삶에 대한 하나님의 강력한 요구이다. … 우리는 우리의 삶의 영역속에 우리가 예수 그리스도에 속하지 아니하고 다른 주에게 속하여 있는 영역, 즉 우리가 그리스도를 통한 칭의와 성화를 필요로 하지 않는 영역이 있다는 거짓된 가르침을 배격한다"명제2라고 고백한다. 이는 다름 아닌 칼 바르트의 그리스도 보편주의에 근거한 개혁전통의 정치신학을 고스란히 반영하고 있다. 바르트에 의하면, 하나님

---

21) T.F. *Torrance*, 『종교개혁자들의 종말론』, (서울: 기민사, 1987), 257.
22) 전통적인 성화론은 신자 개인의 인격적 차원의 성화에 국한되지만, 신칼빈주의 및 칼 바르트의 성화론은 정치적 성화론으로 확장한다. 칼 바르트의 정치적 성화론에 대해, 이정석, 『하나님의 흔드심: 칼 바르트의 성화론』, (서울: 새물결플러스, 2010).

의 은총은 세속 질서의 유지와 보존을 위해 필요하며, 그런 점에서 국가 역시 신적 질서의 은총이다. 시민공동체는 하나님이 세상을 버려두지 아니하시고 상대적 자유에서 혼돈으로부터 보존하신다는 표적이다. 국가는 교회밖에 있지만, 그렇다고 예수 그리스도의 주권밖에 있는 것은 아니다. 따라서 국가는 하나님나라도 아니고, 하나님나라가 될 수도 없다. 그러나 국가는 하나님나라의 약속 아래 있다. 교회와 국가는 동일시 될 수 없지만 그렇다고 전적으로 다른 것만은 아니다. 국가는 하나님나라에 응답하는 실체로서 그것의 비유와 유비이다. 국가는 그리스도공동체 외부에서 하나님의 은총을 외형적이고 잠정적인 행위속에서 구현하고자 한다. 국가는 하나님의 외적, 지상적, 잠정적인 도구이다. 그런 점에서 국가는 하나님나라의 비유로서 긍정적인 가능성을 포함하고 있다. 국가는 하나님나라를 지상에 가시화시키기 위한 하나님나라의 유비analogy이다. 루터는 교회와 국가의 구별에 강조점을 둠으로써 둘 사이의 차이점을 강조하였다면, 개혁전통은 교회와 국가의 상응相應과 유비의 측면을 강조하였다.

2. 그리스도 주권론에 의한 기독교정치론에 대한 평가

1) 열광주의적이며 신정정치적 기독교정치론으로 오용될 위험

국가와 정치영역에서 그리스도 주권의 실현을 강조하는 이 기독교정치론은 칼빈주의 신학과 사상을 배경하는 기독교정치론이다. 이 정치윤리는 신칼빈주의neo-calvinism 신학사상을 토대로 하고, 이를 그리스도인의 삶의 원리로 프로그램화하여 대중적으로 널리 보급하려는 기독교세계관에 의해 확장, 발전되고 있는 논리체계이다. 아브라함 카이퍼로 대표되는 신칼빈주의의 기본 모토는 삶의 전 영역에서 하나님의 주권과 그의 전포괄적 통치를 구현하는 것을 목표로 하면서 정치, 경제, 문화, 과학, 예술 등 삶의 전 영역을 하나님의 주권과 그의 통치아래 두어야 한다는 강력한 확신과 열정을 지니고 있다. 이 신학적 유산은 '세계형성적 기독교' world formative christy라는 자신감있는 변혁유형의 기독교로 명명되고 있다.[23] 이 사상체계는 한국의 복음주의 신앙그룹에게 '기독교세계관' 이라는 이름으로 널리 대중화되었을 뿐 아니라 학문, 교육, 정치, 철학, 그리고 일상의 생활세계를 망라한 세계현실 전체에서 하나님의 주권의 실현이라는 근본원리를 가장 직접적으로 제시하였고, 이를 근거로 복음주의 신앙을 토대로 하는 기독교 문화변혁이나 성경적 원리에 근거한 사회변혁의 이상을 제공하고 있으며, 때로는 열광적이면서 무모하리만큼 기독교사회를 건설하려는 신학적 원리로 이해되고 있기도 하다.

그러나 그리스도 왕적 통치론에는 마치 그리스도의 왕적 통치를 오해하여 현대판 신정정치적 이데올로기로 차용될 가능성이 있다. 이 관점은 종종 과격한 개신교 근본주의 그룹이 내세우기도 하는 '오직 예수만이 통치하는 세상'을 문자적으로 실현 가능하다고 환호하는 열광주의적 기독교정치론으로 사용될 가능성이 있다는 것이다. 그들은 기독교 대학을 '하나님의 대학'으로 부르고, 기독교인이 설립, 운영하는 기업을 '하나님이 주인되는 기업'으로 칭하기를 주저하지 않는다. 그러므로 이러한 칼빈주의 사상에 토대를 둔 기독교정치론은 자칫 현실세계에서 이상적 기독교정치가 문자 그대로 현실화될 수 있다는 지나친 낙관주의적 접근을 시도할 때, 이 사상체계는 자칫 이상화된 '신정정치적 승리주의' theocratic triumphalism가 될 위험이 있다. 삶의 전 영역을 그리스도의 주권아래 두겠다는 다소 환상적인 논리는 현실 정치조차도 그리스도의 주재권아래 두겠다는 입장을 관철시킨다는 것은 단일 종교사회가 아닌 다원주의 사회에서 그

---

23) 신칼빈주의 사상체계를 세계형성적 기독교의 하나로 표현하는 것으로는, 니콜라스 월터스토프, 『정의와 평화가 입맞출 때까지』, 홍병룡 역, (서울: IVP, 2007), 33.

것이 현실적으로 어렵거나 거의 불가능한 일임을 인식할 필요가 있다.

2) 한국교회에서 기독교세계관은 비정치적인 맥락에서 소개된 측면이 강하다.[24]

신칼빈주의 신학체계에 바탕을 둔 기독교세계관은 구원론이나 교회론적 신학에 머물지 않고 사회의 공공 영역에서 하나님의 통치와 그의 주권을 구현하고자 하는 시도를 말한다. 또한 변증적 신학에 강조를 두는 북미 반틸리안의 협소한 개혁신학과 다르게 네덜란드의 카이퍼 전통의 신칼빈주의는 사회 전체를 변혁하려는 세계형성적 특징을 지니고 있다.[25]

그런데 한국교회에 소개된 기독교세계관은 주로 이원론의 극복기제로 소개되면서, 학문과 신앙의 통합이나, 일상의 삶에서 그리스도의 제자로 살아가는 것의 의미나, 문화전쟁이나 문화변혁을 위한 틀로 이해되어졌다. 반면 기독교세계관은 사회구조와 사회현실에 대한 적극적인 변혁원리로 논의되지 않았다. 사회적 불의와 정의의 관점에서 신칼빈주의 신학이 능동적인 사회변혁적 세계관으로 조명되거나 현실의 왜곡된 정치와 경제구조와 투쟁하는 것에는 거리를 두었던 것이다.[26] 신칼빈주의 세계관이 삶의 전영역에서 하나님의 주권의 통치와 실현을 추구함에도 불구하고 유독 '정치' 영역을 기피한 결과 기세운동이 한국사회변혁에 보다 적극적으로 영향력을 끼치지 못한 비판적 문제제기에

---

24) 이하의 내용은 김동춘,『전환기의 한국교회』, 157의 내용을 사용하였다.
25) 이정석, "신칼빈주의운동", 총신대보(2001) 11월호. 신칼빈주의 운동을 적극적인 사회변혁적인 측면에서 해방신학과 비교. 해석한 것으로는, 니콜라스 월터스토프,『정의와 평화가 입맞출 때까지』, 33-34, 96.
26)) 그러나 최근 발간된 리차드 미들턴,『새 하늘과 새 땅』, (서울: 새물결플러스, 2015)은 전체적으로 기독교세계관의 틀에서 서술된 성경적 관점의 구원론 혹은 종말론이지만, 문화변혁적 차원의 매락을 넘어 사회변혁적이며 정치적 측면이 상당 부분 반영되어 있다는 점을 주목할 볼 필요가 있다.

대해 올바른 분석이 필요할 것이다.

한국의 세계관운동은 초창기부터 기독교정치운동이나 사회변혁운동에 지대한 관심을 표명하지 않았다. 이것은 기독교세계관 운동의 원류인 신칼빈주의 사상이 '정치' 영역과 적극적으로 대화하며 '구조' 의 문제에 관심을 드러내고 있는 것과 여실하게 다를 뿐 아니라 신칼빈주의 추창자인 아브라함 카이퍼가 정치영역에 직접 뛰어들어 사회변혁의 실천적인 모델을 보여주었던 것과는 판이하게 다르다. 한국의 기세운동의 비정치화 현상은 기세의 수용주체들이 가졌던 신학적 사고의 성격과 그들의 신학적 운신의 폭의 협소함, 무엇보다 신칼빈주의 사상의 사회변혁적 측면에 대한 미온적인 이해가 크게 작용하였다고 평가해야 할 것이다. 말하자면 어떤 이는 기독교세계관 운동을 기독교적 차원의 도덕운동에 적용했고, 어떤 이는 생활운동으로 연결했고, 어떤 이는 이것을 기독교 학문으로 결합하고자 했다.

기세의 비정치화는 한국의 세계관운동이 삶의 전영역에서 그리스도의 전포괄적 통치의 구현이라는 기세의 근본원리에 비추어 볼 때 유독 '정치' 영역만을 축소지향적으로 다루고자 했다는 비판의 여지가 있을 뿐 아니라 전포괄적이며, 통합적 기독교 관점으로서 기독교세계관이라는 측면에서도 여전히 종교와 정치, 믿음과 정치는 통합되지 못한 채 이원론이 극복되지 못한 점을 여실하게 드러내 주고 있다고 할 수 있다. 그리고 이처럼 기독교세계관운동에서 정치를 퇴각시킨 한국의 기세운동은 그 강조점을 일상생활신학이나 기독교문화운동 등에 초점을 둔 결과 기세는 비정치화되었고 사회변혁을 위한 동인으로 작동하지 못했던 것이다.

3) 신칼빈주의 그리스도 주권론은 영역주권론에 대한 다원주의적 해석을

필요로 한다.[27]

　기독교세계관이 무모한 신정국가적 정치이상의 허상으로부터 벗어나려면 신칼빈주의 사상안에 내재하고 있는 다원주의적 특징을 파악할 필요가 있다. 신칼빈주의 세계관은 단지 사회의 전영역에서의 전면적 하나님의 통치를 문자 그대로 구현할 수 있다는 승리주의적 세계관이 아니다. 그것은 이 사유체계에 대한 통념적인 이해일 뿐이다.

　신칼빈주의 세계관은 신정정치적 하나님 주권신학인가? 아니면 세속화와 다원주의 사회에 통용되는 세계관인가? 신칼빈주의의 주창자인 아브라함 카이퍼Abraham Kuyper의 '영역주권' sphere sovereignty에 따르면 주권자이신 하나님께서 사회내의 각각의 영역에 각각의 주권을 부여하셨으며 각각의 영역들은 하나님으로부터 주어진 각각의 주권적 법질서에 의하여 유지되도록 하였다.[28] 신칼빈주의 철학을 정교하게 정립한 헤르만 도이어베르트Hermann Dooyeweerd에 의하면 창조주 하나님은 전피조물을 신적 주권의지를 통해 통치함에 있어서 모든 피조물안에 우주적 법질서를 부여하셨다. 정치, 경제, 종교, 문화, 예술 등 인간 사회의 다양한 영역들은 원래적 주권의 보유자이신 하나님의 법칙들에 종속되어 있으므로 피조물의 주권은 자충족성이 아니라 파생적 주권이며 상대적 주권에 속하지만, 이와 같은 하나님 주권의 절대성과 원래성을 전제로 하면서 동시에 전 피조물은 그 자신의 영역안에서 침해받을 수 없는 고유한 주권을 부여받는다.[29] 카이퍼에 따르면 교회, 국가, 학교, 과학, 기업 등 모든 삶의 영역들은

---

27) 이 부분은 김동춘, 『전환기의 한국교회』, 145 이하를 사용하였다.
28) 카이퍼의 영역주권론에 대한 분석, Peter S. Heslam, *Creating a Christian Worldview*: *Abraham Kuyper's Lectures on Calvinism*, (Grand Rapids: Eerdmanns, 1998), 142-168.
29) 영역주권에 대해, J. M. 스피어, 『기독교철학개론』, 문석호역, (일산: 크리스천다이제스트, 2001), 50-64.

하나님으로부터 그 자신의 고유한 목적을 부여받는다. 그러므로 "정부는 칼에 기초하여 정의를 구현하고 유지하도록 하나님에 의해 세워진다. 그러나 정부가 과학의 내부 문제나 교회의 사건에 간섭하는 것은 적절하지 않다. ... 마찬가지로 교회는 국가의 사건에 관여할 사명이나 과학의 문제들을 거론하여 결정할 소명을 갖고 있지 않다."[30] 영역주권론의 원리에 의하면 성경이 인간사회의 기본원리를 제시하고 있기는 하지만 그렇다고 하여 교회가 가정, 국가, 경제생활의 규범을 수립하도록 권한을 부여 받지 않았다.

이와 같이 영역주권론은 정치와 종교 영역을 분화한 두왕국론에 뿌리를 두고 있다고 할 수 있다. 그리스도의 나라는 은혜와 복음과 말씀으로 통치되고, 세상나라는 강제력(칼)을 동원하여 법을 집행하고 이성을 수단으로 다스려진다. 그러므로 두 나라는 각각 고유한 수단과 방식으로 유지되고, 운영된다는 점에서 각각의 영역은 고유성과 독립성을 갖고 있다. 두왕국론에 의하면, 영적인 나라인 그리스도의 왕국은 비록 육적인 지상의 정부보다 우월하지만, 그럼에도 불구하고, 세상정부가 칼을 사용하여 강제력을 동원하여 법을 세워나가지 않으면 세상질서는 혼란에 빠지고, 외형적인 정의가 무너지게 될 것이므로 그리스도의 왕국은 세상 왕국의 존재를 인정해야 한다고 말한다. 이제 더 이상 그리스도의 왕국은 중세 가톨릭세계처럼 세속국가 영역을 침범하거나 세속권세 위에 통치하지 못하도록 영역의 한계를 짓고 있다. 그리하여 이 이론은 교회와 국가의 영역의 주권을 침해하지 않고 각각 기능적인 고유한 역할을 하면서 두 영역의 구분을 시발하게 한 근대사회의 분화화 과정을 예비한 것이며, 결국 근대국가의 세속화를 촉진시킨 이론으로 작용하였다. 네덜란드 정치역사에서 생성된 영역주권론은 이제 정치, 경제, 문화, 예술, 등 제영역의 분화를 촉진시켰으며,

---

30) J. M. 스피어, 60.

그 결과 네덜란드의 다원주의적 사회형성에 영향을 미쳤다고 할 수 있다.

그런 점에서 영역주권론은 열광적인 칼빈주의자들에게서 흔히 보여지는 것처럼, "온 세상속에 하나님의 주권을!"이라는 모토를 내걸고 사회 전체를 문자 그대로 기독교화하려는 열광적이고도 시대착오적인 신정정치의 재현을 꿈꾸는 것으로 연결지어서는 안된다. 카이퍼는 기본적으로 사회의 모든 영역이 하나님께 경배와 영광을 돌리는 방향으로 세워져야 한다는 점은 적극 동의하지만, 그러나 그것이 반드시 종교의 형식으로 표현될 필요는 없다고 보았다. 카이퍼에 의하면, 사회안에 존재하고 있는 다양한 영역들은 그 자체의 주권을 부여받았기 때문에 "기관적 교회를 제외하고 가정, 국가, 회사, 그리고 학교와 같은 모든 사회적 관계들은 그리스도의 몸의 계시들로 필연적으로 존재할 필요가 없다."[31] 비록 기독교적 성격이 아닌 보통의 사회 기관들도 지상의 도성에 속하는 것이지만, 그들은 고유한 우주법적 원리를 소유하고 있으므로 "비기독교적 가정이나 국가 역시 하나의 가정이나 국가이며, 불신자들 사이의 시민적 결혼도 결혼이고, 심지어는 반기독교 국가도 국가이다"[32]라고 분명하게 말한다.

신칼빈주의 세계관은 한편으로는 삶의 전 영역에 하나님의 우주적 주권의 법칙을 적용하려는 점에서 '일원론적 하나님주권사상' 이라 할 수 있으나 다른 한편으로 역사와 사회의 영역주권 원리에 따라 각 영역의 침해할 수 없는 고유한 분화와 개현을 사고한다는 점에서 '다원주의적 기독교사회론' pluralistic christian society theory를 담고 있다. 그런 점에서 그리스도 주권론을 강조하는 카이퍼적 기독교정이론은 단순히 전제주의적 정치이론이 아니라 다원사회안에서 사회의 제영역이 독립적인 자리매김을 하도록 이론적 틀을 제공하고 있다. 카이퍼적

---

31) J. M. 스피어, 231.
32) J. M. 스피어, 231.

신칼빈주의 정치이론에 하나님 주권의 실현이라는 원리주의가 전제되고 있지만, 동시에 다양한 사회의 제 영역의 타협과 균형과 조화를 꾀하도록 이끄는 다원주의적 사고가 함축되어 있는 것이다.[33]

5. 재세례파의 교회론적 정치론

1. 교회가 정치다.

이에 따르면 창조세계 전체를 뒤덮는 전포괄적 승리의 확신이 아니라 죄로 왜곡된 악마적 창조질서에 대항하는 대조, 대항공동체의 수립이 중요하다. 교회론적 기독교 정치론은 교회의 존재방식이야말로 정치적 대안이라고 보는 관점이다. 교회는 그 자체가 대안적 사회가 된다. 이러한 입장은 '교회론적 대안주의' ecclesiological alternativism라고 부를 수 있으며, 게하르트 로핑크Gehard Lohfink의 '대조사회' Kontrastgesellschaft[34]나, 재세례파 전통에서 예수윤리를 사회윤리의 규범으로 삼는 요더John h. Yoder의 성경적 현실주의에서 발견된다.

이 관점에 의하면 교회가 사회의 대안이라는 전제에서 출발한다. 교회는 단순히 종교기관이 아니라, 교회 자신이 이미 정치적 함의를 보유하고 있다. 교회는 지난날 콘스탄틴주의적 국가교회적 동맹으로 교회가 국가화되거나, 교회 본래의 정체성을 상실하여 국가질서안으로 편입되어 국가주의의 포로에서 벗어나와 세상 국가와 대칭하고 대립함으로써 교회 자신이 현존하는 사회에 대응하는 대안적 구조가 되는 것이다. 교회는 비정치적이지만, 사실은 정치적 실

---

33) 카이퍼 사상에 있어서 신정정치와 다원주의의 문제에 대해, John Bolt, *A Free Church*, *A Holy Nation*: *Abraham Kuyper's American Public Theology*, (Grand Rapids: Eerdmanns, 2001), 303-350.

34) G. Lohfink, 『예수는 어떤 공동체를 원했는가』. 정한교 역, (왜관: 분도출판사, 1985). 대조사회 개념에 대한 상세한 분석에 대해, 김동춘, 『전환기의 한국교회』, 202-211.

재이다. 이 방식은 교회가 세상속에 퍼뜨려 나가면서 사회적 외연을 갖추는 방식이 아니라 교회 자신이 교회의 본질이 됨으로써 새로운 사회를 형성해 나가는 것이다. 노베르트 로핑크Nobert Lohfink는 게하르트 로핑크의 대조사회론을 구약의 토라법에 적용하여 이스라엘은 하나님의 세계기획의 실현을 위한 대안적 사회라고 본다. 하나님의 백성으로 부르심을 받은 이스라엘 백성은 단지 구원집단만이 아니라 일종의 대안사회이며, "하나님의 세계형성을 위한 기획"[35]이다. 이스라엘은 일종의 '사회에 대한 구상' Gesellschaftsentwurf이며, '하나님의 세계형성의 대안' 이다. 그리고 로핑크의 대조사회론을 경제체제에 대한 대안으로 제시하려는 울리히 두흐로Ulrich Duchrow는 이스라엘백성은 제국적 질서에 따라 살아가는 이방제국과 대조되는 하나님의 백성 사회로서 토라의 경제법에 따라 살아가는 '대안적 대조사회' alternative Kontrastgesellschaft라고 말한다. 대안적 공동체를 통한 교회론적 사회형성의 방식은 교회가 세계질서에 대한 거부와 저항, 그리고 그것과 대조와 대항의 공동체 건설을 통해 현실사회와 국가안에서 이루어진다.[36]

2. 대항세력으로서 교회

교회는 세상속에 존재하지만 세상의 구조, 즉 지배체제domination system를 거절하며 저항한다. 그리스도인은 하나님의 다스림에 복종하며, 우상적 지배구조를 상대화하거나 거부한다. 기존의 사회의 삶의 방식을 따르지 않고 거부하면서 새로운 질서에 순응한다. 하나님의 백성은 세상질서의 이탈자가 된다. 하나님의 전적으로 새로운 대안사회를 내다보며 애굽과 결별하듯 기존의 사회질

---

35) Nobert Lohfink, *Das Juedische am Christentum*, (Freiburg im Bresgau: Herder, 1989), 114.
36) 김동춘, 『전환기의 한국교회』, 206, 209-211.

서를 무시한다. 교회는 일종의 대항문화 공동체로서 교회가 된다.

3. 재세례파의 대안주의 정치론

대안모델은 성경적 대안의 실현 가능성을 세상에 두지 않는다. 세상은 악마적 영향아래 지배당하고 있으므로 성령의 지배아래 실현될 하나님나라의 원리는 오직 구속받은 공동체안에서 실현될 수 있음을 믿는다. 대안주의자들은 세상속에서 하나님의 의와 공평과 샬롬의 전면적 실현을 기대하기는 어렵다고 확신한다. 도리어 구속받은 공동체는 말씀과 영의 다스림가운데 하나님나라의 새로운 질서가 구현될 수 있다고 생각한다.

여기서 그리스도의 구원과 하나님나라는 제자 공동체의 삶의 양식에서 가시적으로 드러나야 한다. 구원은 영적인 실재도 아니며, 그렇다고 전혀 세상적 실재해방, 복지도 아니라 공동체적 삶으로 보여지는 것이다. 하나님나라는 영지주의적, 가현설적 모습이 아니라 하나님의 백성들의 철저한 제자도의 삶, 즉 주님에 대한 순종과 뒤따름, 십자가적 비폭력적이고 혁명적 복종, 그리고 희년의 공동체적 실현을 통해 구현된다. 대안주의자들은 라인홀드 니이버적 기독교 현실주의christian realism를 거부하고 요더적 성경적 현실주의biblical realism를 따른다. 이들에게 희년, 철저 제자도, 십자가, 공동체는 핵심가치에 속한다.

대안모델은 지배와 군림을 특징으로 하는 세상적 덕성과 구별되는 섬김과 용서가 제자들의 공동체안에 구현되어 산위의 동네, 빛과 소금되는 대조사회G. Lohfink, 더 나아가 가난한 자의 선택으로 제국적 세상질서와 구조, 그리고 경제질서와도 구별되는 희년사회적 대조사회N. Lohfink, U. Duchrow를 꿈꾸며, 약탈과 착취의 세계에서 예언자적 동정심과 긍휼로 자기의 양들을 지키고 보존하는 그리스도의 구속에 의해 세워지는 대항권력 또는 대체권력을 추구한다. 대안모델은 기존질서와 흐름을 거부하는 반문화 공동체를 추구하기도 한다.

대안모델의 강점은 무엇보다 교회론에 있다. 성경적 대안의 실현을 보편적 세속 지평에 펴뜨리지 않고 부름받고 선택받은 제자들의 공동체로 모아 들이는 구심성의 실천전략을 견지한다. 이 전통은 요더와 같은 재세례파 전통의 유산에서 분명하게 발견되며 로핑크, 사이더, 스탠리 하우워어스 등에 의해서도 구체화되고 있다. 소저너의 창시자인 짐 월리스는 적극적인 사회참여주의자이면서 동시에 대안 공동체를 설립하여 실천적으로 살아가는 점에서 변혁적 대안모델의 관점에 있다 할 수 있다.

나가면서: 기독교정치, 어떻게 실천할 것인가?

1. 하나님의 정치와 인간의 정치의 접촉점을 모색하자

종종 근본주의적 열광주의에 물든 교계 지도자들이나 대형교회 목회자들 가운데 현실의 정치안에 하나님의 통치가 직접적으로 실현되는 정치, 즉 하나님의 정치적 왕국을 꿈꾸는 이들이 부지기수에 달한다. 그들은 참된 기독교정치는 오직 하나님의 정치politics of God이며, 국가와 민족이 하나님께 돌아오는 '신정정치적 기독교국가'를 꿈꾸려 한다. 물론 모든 그리스도인들과 교회는 그리스도의 왕적 통치가 우주적으로 실현될 것을 소망한다. 그러나 그리스도의 우주적 통치, 즉 신정神政의 실현은 다가 올 종말의 나라에서 최종적으로 완성될 것이지 지상나라에서 직접적으로 실현될 것은 아니다. 그리스도의 나라를 세상 왕국과 통합하고자 했던 '교회-국가 일치모형'은 '중세 가톨릭 크리스텐덤 패러다임'에서 시도되었으며, 근대의 출현과 함께 교회와 국가의 관계는 기능적으로 이분화되기에 이르렀다. 그렇다고 하여 교회와 국가의 근대적 이분화를 '기능적 구별' functional distinction로 이해하지 않고 종교영역과 정치영역이 불가접촉적인 '분리' separation의 맥락으로 이해함으로써 정교분리를 교회의 국가에 대한 불간섭과 국가의 종교에 대한 불간섭이라는 오도된 두왕국적 원리로 전용轉用하는 것은 크나큰 실책이다. 교회와 국가, 종교와 정치를 이분법적으로 구획을 긋는 한 교회의 정치적 책임과 정치적 봉사는 더 이상 불가능할 것이다. 오늘날 사회는 공적 영역에서 교회의 역할을 더욱 필요로 하고 있다. 비기독교 국가이건 다종교사회이건 오늘의 국가에서 교회의 참여를 필요로 하는 분야가 증대하고 있다. 교회와 국가의 협력과 보완이 필요한 시대에 교회는 영혼구원을 담당하고, 국가는 세속사를 관장하는 이분법은 시대착오적인 도식이다.

2. 신정정치적 열광주의를 넘어 정치적 제자도를 향하여

오늘의 교회는 하나님의 정치와 인간의 정치를 결합할 필요가 있다. 기독교 정치란 지상 왕국의 직접적 실현도 아니며, 교회의 세계지배를 의미하는 것이 아니다. 기독교정치는 그러한 의미의 협의적 정치가 아니라 온 세상에 하나님의 전포괄적인 다스림이 원리적으로 실현되는 광의廣義의 정치를 말한다. 하나님의 정치는 이 세상에서 보다 종말론적 통치아래 궁극적으로 완성된다. 하나님의 정치의 완전한 실현은 종말론적 유보에 속한다, 그렇지 않을 경우 신정정치의 직접적 실현을 꾀하는 근본주의적 정치권력의 비이성적 위험성을 초래한다.

따라서 기독교정치는 하나님의 정치의 위임정치, 즉 위임된 정치행위에 있다. 그것은 잠정적으로 위임받은 정치이며, 청지기적 정치이다. 기독교적 의미의 정치란 하나님의 통치를 위임받은 인간의 책임적 행위이다. 따라서 하나님의 정치실현을 갈망하는 그리스도인은 비록 이 세상 정치권력이 갖는 한계에도 불구하고 권력질서와 권력관계의 조율과 타협을 통해 이 세상에서의 상대적 선과 공동선의 정치를 구현하는데 힘써야 한다. 필요한 것은 하나님의 정치와 인간의 정치의 질적 차이가 아니라 둘 사이의 유비analogy와 상호연관성이다. 인간의 정치는 법 질서와 제도를 통해 인간사회의 공공복리를 증진시키며, 인간의 양심과 이성, 도덕성을 근거로 하여 보다 나은 하나님의 정의에 근접한 사회를 추구하는 기능을 담당한다. 그러한 인간정치는 하나님의 세계통치의 근사치이면서 유사성을 함축하고 있으며, 하나님의 정의와 공의실현에 이바지 한다. 따라서 그리스도인은 이 세상정치의 효용성과 가능성을 평가절하함으로써 여하한 세속적 정치적 행동을 무효화하거나 기도만을 강조함으로써 정치행위를 영성화해서는 안될 것이다. 그리스도인은 정치적 사태앞에서 국가의 안위를 위해 기도해야 한다. 그러나 기도만으로 정치적 책임을 대신해서는 안된다. 정치는 그리스도인이 감당해야 할 모든 문화명령가운데 또 다른 책임적 영역중의 한 부분이다. 기독교정치는 하나님의 정치를 지향하기는 하지만, 인간의 정치적 역할과 책임을 외면해서는 안된다. 왜냐하면 정치적 행위는 그리스도인의 행위로부터 시작된다. 하나님의 정치를 명령하시는 분은 하나님이시고, '행하는 것'은 우리의 책임이다. 기독교적 정치행위는 현실과 역사와 사회속에서 구체적으로 행동하고 실천함으로써 구현되어야 한다. 따라서 정치적 장에서 그리스도인의 정치적 믿음이 발휘되어야 한다. 우리는 그리스도의 증인으로서 정치에 참여한다. 기독교 정치는 정치적으로 우리의 믿음을 고백하고 증언하는 것이다. 오늘의 교회에게 무엇보다도 정치적 신앙고백과 '정치적 제자도' political discipleship가 요구된다. 정치영역에서의 그리스도의 제자직의 윤리를 드러내야 할 시점에 와 있다.

3. 바른 정치적 고백과 실천은 교회의 공적 증언이다.

정치에 관한 논의에서 그것을 지지정당의 선호도나 개개인의 정치적 성향의 차원으로 전락해서는 안된다. 정치를 특정한 사안에 대한 개인의 의견이나 찬반문제로 결부지을 때, 정치는 사사로운 것private이 되고 만다. 그리스도인에게 정치를 사사화私事化시키는 것 만큼 위험한 것은 없다. 더구나 교회가 정치적 입장을 표명할 때, 그것은 교회의 '공적 신앙고백'public confession이면서, 세상을 향한 교회의 '공적 증언'public witness이 된다. 그것은 세속사회와 공적 삶의 영역에서 예수 그리스도의 교회가 공적으로 표명하는 복음의 '정치적 증언'political witness이기도 하다. 또한 교회의 정치적 발언과 행동은 그 자체로 교회의 선교행위가 된다. 왜냐하면 선교란 세상을 향한 복음의 증언이라는 점에서 교회의 정치적 태도는 그 자체가 복음을 사회적 차원에서 제시하는 것이기 때문이다. 또한 교회의 정치적 태도는 그 자체가 교회의 윤리적 입장을 천명하는 것이 된다. 교회의 정치적 태도는 교회가 가난한 자들과 사회적 약자들을 편드는가, 그리고 그들을 대변해 주는 종교인가, 아니면 그 사회의 지배권력의 이익과 입장을 옹호하는 종교인가를 보여주는 바로미터가 된다. 그러므로 교회는 정치적 사안앞에서 정치적 중립지대라는 허울 좋은 도피처로 은둔해서도 안된다. 정치적 중립지대란 존재하지 않으며, 이것 아니면 저것이라는 정치적 선택을 요구받을 뿐이다. 교회의 정치적 입장은 그 시대와 역사 속에서 교회가 정의로운 교회됨을 증거하는가, 아니면 불의한 우상 앞에 굴복하는가를 보여주는 기준점이 된다는 점에서 선명한 신앙고백과 함께 그리스도의 정치적 뒤따름을 요구받는다.

저자 프로필(실린 순서)

김근주
- 장로회신학대학교 신학대학원 (M.Div., Th.M.)
- 영국 옥스퍼드대학교 (D.Phil.)
- 현)기독연구원느헤미야 전임연구위원
- 현)희년함께 지도위원

조석민
- 합동신학대학원대학교(M.Div.)
- 영국 글로스터셔 대학교(B.A.)
- 영국 Trinity Theological College(ADPS)
- 영국 브리스톨 대학교(M.A., Ph.D.)
- 현)에스라성경대학원대학교 신약학교수
- 현)교회개혁실천연대 전문위원
- 현)기독연구원느헤미야 연구위원

배덕만
- 서울신학대학교 신학대학원 (M.Div.)
- 미국 예일대학교 (S.T.M.)
- 미국 드류대학교 (Ph.D.)
- 현)기독연구원느헤미야 전임연구위원
- 현)주사랑교회 협동목사

김동춘
- 총신대학교 신학대학원 (M.Div.)
- 독일 하이델베르크대학교 디아코니아학연구소
- 독일 하이델베르크대학교 (Dr.theol.)
- 현)국제신학대학원대학교 조직신학 교수
- 현)현대기독연구원 대표
- 현)기독연구원느헤미야 연구위원